rowohlts monographien
begründet von Kurt Kusenberg
herausgegeben
von Klaus Schröter

Ulrich von Hutten

**mit Selbstzeugnissen
und Bilddokumenten
dargestellt von
Eckhard Bernstein**

Rowohlt

Dieser Band wurde eigens für «rowohlts monographien» geschrieben
Den Anhang besorgte der Autor
Herausgeber: Klaus Schröter
Mitarbeit: Uwe Naumann
Assistenz: Erika Ahlers
Schlußredaktion: K. A. Eberle
Umschlagentwurf: Werner Rebhuhn
Vorderseite: Titelholzschnitt aus Huttens Schrift «Invectiven gegen Hieronymus Aleander», Lucas Cranach d. Ä. zugeschrieben, um 1521
Rückseite: Huttens «Gesprächsbüchlein», 1521

Veröffentlicht im Rowohlt Taschenbuch Verlag GmbH,
Reinbek bei Hamburg, März 1988
Copyright © 1988 by Rowohlt Taschenbuch Verlag GmbH,
Reinbek bei Hamburg
Alle Rechte an dieser Ausgabe vorbehalten
Satz Times (Linotron 202)
Gesamtherstellung Clausen & Bosse, Leck
Printed in Germany
980-ISBN 3 499 50394 8

Inhalt

Porträt des Einblattdrucks von 1520

Zu Huttens Wirkung

Ulrich von Hutten – Reichsritter, Humanist, kaiserlich gekrönter Dichter, wortgewaltiger Verfasser deutscher politisch-reformatorischer Pamphlete, militanter Kritiker der Papstkirche, unbequemer Parteigänger Martin Luthers: an keiner der großen deutschen Persönlichkeiten des 16. Jahrhunderts haben sich die Geister so geschieden wie an ihm. Keiner ist so angefeindet, keiner so bewundert worden. Jahrhundertelang versuchten katholische Historiker ihn als unmoralischen und gefährlichen Revolutionär zu diskreditieren. Johannes Janssen zum Beispiel urteilte über ihn: «Seinem Wesen fehlte alle Zucht, aller innerer Halt... Seine glänzende Begabung, seine humanistische Bildung erfüllten ihn mit einem krankhaften Selbstgefühl... Seine Bedeutung aber bestand im Zerstören.»[1]* Auch den Lutheranern war der ritterliche Rebell nie ganz geheuer. In obrigkeitsgläubiger Orthodoxie erstarrt, spielten sie zunächst sein reformatorisches Engagement und revolutionäres Temperament herunter und betonten statt dessen sein brillantes, aber ungefährliches Talent als neulateinischer Dichter. Wie stark die Bedenken gegenüber Hutten auch noch in unserem Jahrhundert waren, zeigen die in den zwanziger Jahren erschienenen Bücher des protestantischen Kirchenhistorikers Paul Kalkoff. In seiner gründlichen Demontage der «Huttenlegende» schilderte er den streitbaren Ritter als mäßig begabten, großsprecherischen und verlogenen Publizisten, als verkommenen Edelmann und als Schädling des Reformationswerks Luthers. Zusammen mit Franz von Sickingen habe er die Reformation verhängnisvoll kompromittiert.[2]

Keine andere Figur des Reformationszeitalters wurde aber auch so verehrt und in dieser Verehrung so populär wie Ulrich von Hutten. Seitdem Johann Gottfried von Herder 1776 in einem einflußreichen Essay im «Teutschen Merkur» eindringlich auf den «Aufwecker teutscher Nation» und unerschrockenen und opferbereiten «Märtyrer der teutschen Freiheit» hingewiesen hatte[3], thematisierte man das ereignisreiche Leben des Ritters in unzähligen Dramen, Gedichten, Romanen und Biographien, wobei sich jede Epoche und jede Ideologie in Hutten jene Züge aussuchte, durch die sie ihre eigenen literarischen und politischen Vorstellun-

---

* Die hochgestellten Ziffern verweisen auf die Anmerkungen S. 135f.

Patriotifches Archiv

für

Deutſchland.

Siebenter Band.

Je größer der Mann, je größer ſein Schatten.

Nebſt Ulrichs von Hutten Bildniß und dem Plan der
Prager Schlacht vom Jahr 1620.

Mannheim und Leipzig
bey C. F. Schwan und G. C. Göz.

1787.

gen untermauern und damit legitimieren konnte. Ein schlüssiges Hutten-Bild gibt es aus diesem Grund nicht und hat es auch nie gegeben. Vielmehr haben wir es mit einer verwirrenden Fülle von epochenspezifischen und ideologisch eingefärbten Hutten-Bildern zu tun.

So kommt es, daß Hutten im 19. Jahrhundert zum Beispiel von Georg Herwegh als «Heiland, der sich für das deutsche Volk ans Kreuz schlagen ließ»[4], nach der Reichsgründung von 1871 als Visionär, dessen Traum von einem geeinten Deutschland endlich in Erfüllung gegangen ist, und im Dritten Reich schließlich sogar als Proto-Nationalsozialist, der als «Lichtträger des Nordens in deutscher Sendung hervorsprang, um seinen Protest im Namen des deutschen Blutes in die Nacht des Hasses zu rufen»[5], gefeiert wurde. Hitler und Goebbels zitierten ihn gelegentlich. Alfred

8

Rosenberg, Hauptpropagandist der Partei, hielt 1938 auf der Burg Steckelberg, der Geburtsstätte Huttens, eine Rede anläßlich der 450. Wiederkehr des Geburtsjahrs des Humanisten.

Gleichzeitig gab es aber noch einen ganz anderen Hutten: der Ritter als Tyrannenfeind, als Kämpfer gegen Obskurantismus und despotische Willkür. Auf diesen Hutten beriefen sich die Burschenschaftler, als sie ihn am Anfang des 19. Jahrhunderts zum Vorkämpfer für ein aufgeklärtes und liberales Deutschland machten; diesen Hutten nahmen aber auch die Sozialdemokraten für sich in Anspruch, als sie 1887 schrieben: «Hutten war ein Rebell, ein Revolutionär, ein Vorkämpfer der geistigen Freiheit und der sozialen Emanzipation, ein Feind der Pfaffen und Despoten, ein Freund der aufständischen Bauern – kurz: für seine Zeit ein Sozialdemokrat.»[6] Wenn Ulrich von Hutten derartig zum Symbol der politischen und geistigen Freiheit geworden war, darf es nicht überraschen, daß die kalifornische Stanford University das Hutten-Wort *Die Luft der Freiheit weht* als Motto in ihr Wappen aufgenommen hat, meines Wissens die einzige amerikanische Universität, die auf diese Weise einen deutschen Dichter ehrt.

Ulrich von Hutten als Ahnherr einer chauvinistisch-völkischen Ideologie einerseits, als Symbol für Freiheit und Widerstand gegen Tyrannei andererseits – das sind die beiden Extreme einer vielfältigen und nuancierten Rezeption in den letzten zweihundert Jahren.

Möglich wurden diese Aktualisierungen, indem man jeweils nur einen Teilaspekt Huttens betonte, einen anderen dagegen herunterspielte. Es stimmt natürlich, daß der humanistische Ritter in einer Zeit politischer Zersplitterung lautstark ein geeintes Reich unter einem starken Kaiser forderte und diese Forderung durch Schaffung einseitiger Feindbilder zu stützen suchte. Andererseits kämpfte kaum jemand so unerschrocken gegen die «Dunkelmänner» seiner Zeit, gegen die finanzielle Ausbeutung und geistige Bevormundung Deutschlands durch die Kirche und gegen die Willkür der Territorialfürsten. Im Kontext des 16. Jahrhunderts stellen diese Aspekte nicht unbedingt Widersprüche dar. Verabsolutiert und losgelöst von den spezifischen historischen Gegebenheiten ließen sich diese Ziele jedoch leicht von den verschiedenen Ideologien vereinnahmen. Dadurch verstellte man sich aber den Zugang zu Hutten als historische Persönlichkeit.

Seit dem Zweiten Weltkrieg ist es um Hutten stiller geworden. Gerade weil die Nationalsozialisten ihn so skrupellos in ihre Dienste gestellt haben, was natürlich nur durch massive Verzerrungen möglich war, ist Hutten als nationale Identifikationsfigur suspekt geworden. Auch als konfessionelle Galionsfigur eignet er sich im Zeitalter ökumenischer Eintracht nicht mehr. Darüber hinaus hat sich die Einsicht durchgesetzt, daß jede geschichtliche Persönlichkeit zunächst aus ihrer Zeit begriffen und an deren Maßstäben gemessen werden sollte.

Für seine Zeit war Ulrich von Hutten zweifellos bedeutend. Zwei Päpste, Leo X. und Hadrian VI., nahmen Notiz von ihm; mit den beiden Habsburger Kaisern, Maximilian I. und Karl V., hatte er Kontakte; einige Jahre wirkte er am Hof des deutschen Erzkanzlers, des Erzbischofs von Mainz, Albrecht von Brandenburg, und der mächtige Ritter Franz von Sickingen, als «Ersatzkaiser» umworben und gefürchtet, war ein enger Freund. Außerdem stand Hutten mit den angesehensten Gelehrten seiner Zeit in Verbindung. Erasmus von Rotterdam, Huldrych Zwingli und Johannes Reuchlin kannte er persönlich, mit Martin Luther und Philipp Melanchthon und zahlreichen anderen Theologen, Humanisten und Literaten korrespondierte der kontaktfreudige Ritter.

In der Literaturgeschichte Deutschlands nimmt Hutten einen wichtigen Platz ein. Er verfaßte unzählige lateinische Briefe und Gedichte, aber auch viele deutsche Werke, unter anderem das Lied *Ich habs gewagt mit Sinnen*, das der Germanist Friedrich Gundolf «unser mächtigstes weltliches Gedicht zwischen Walther [von der Vogelweide] und Klopstock» nannte.[7] Seine witzig-polemischen Dialoge wurden konstitutiv für die neue Gattung des Reformationsdialogs, und mit einem seiner Werke, dem Dialog *Arminius*, begründete er den Arminius-Kult in Deutschland. Hajo Holborn urteilte über ihn: «Als lateinischer Schriftsteller übertraf ihn in jener Zeit niemand in Deutschland, und wir dürfen vielleicht behaupten, daß kein Deutscher vor oder nach ihm je das Charakteristische der lateinischen Sprache so vollkommen beherrscht hat wie er. Als deutscher Schriftsteller war ihm dagegen nur einer, und kein geringerer als Martin Luther, überlegen.»[8]

Ulrich von Hutten war tief in seiner Epoche verwurzelt. Anders als die meisten Humanisten des 16. Jahrhunderts verschloß er sich nicht in den elfenbeinernen Turm der antiken Studien, sondern engagierte sich in den tages- und bildungspolitischen Auseinandersetzungen seiner Zeit. Solch ein Engagement bringt immer Enttäuschungen, Risiken und Gefahren mit sich, und auch Hutten blieben diese nicht erspart.

Herkunft und Familie

Die Burg... ist nicht gebaut, um schön, sondern um fest zu sein; von Wall und Graben umgeben, innen eng, da sie durch die Stallungen für Vieh und Herden versperrt wird. Daneben liegen die dunklen Kammern, angefüllt mit Geschützen, Pech, Schwefel zu dem übrigen Zubehör der Waffen und Kriegswerkzeuge. Überall stinkt es nach Pulver, dazu kommen die Hunde mit ihrem Dreck, eine liebliche Angelegenheit, wie sich denken läßt, und ein feiner Duft. Reiter kommen und gehen, unter ihnen sind Räuber und Diebe und Banditen. Denn fast für alle stehen unsere Häuser offen, entweder weil wir nicht wissen können, wer ein jeder ist, oder weil wir nicht danach fragen. Man hört das Blöken der Schafe, das Brüllen der Rinder, das Hundegebell, das Rufen der Arbeiter auf dem Felde, das Knarren und Rattern; ja wahrhaftig, auch das Heulen der Wölfe wird im Haus vernehmbar, da der Wald so nahe ist.[9]

Mit diesen nüchternen Worten beschreibt Ulrich von Hutten seinem Nürnberger Freund, dem Patrizier und Humanisten Willibald Pirckheimer, eine Ritterburg des beginnenden 16. Jahrhunderts. Als er diese Zeilen schrieb, hatte der damals dreißigjährige Ritter die väterliche Burg Steckelberg bei Schlüchtern vor Augen. Heute nur noch als Ruine erhalten, hatte diese im fränkisch-hessischen Grenzgebiet zwischen Vogelsberg, Spessart und Rhön gelegene Burg jahrhundertelang als Stammsitz der Huttens gedient. Hier wurde Ulrich von Hutten als Sohn des Ritters Ulrich von Hutten und seiner Frau Ottilie von Eberstein am 21. April 1488 geboren.

Ulrich von Hutten wurde damit in eine Zeit geboren, als sich das Rittertum schon längst militärisch, politisch, sozial und wirtschaftlich in einer tiefen Krise befand. Militärisch hatte die Einführung der Feuerwaffen die Ritter immer entbehrlicher werden lassen. Angesichts der immer größeren Durchschlagskraft und Reichweite der Geschosse waren nicht nur Schlösser und Burgen zunehmend einnehmbar, sondern auch Ritterrüstungen nutzlos geworden. Statt auf Reiterverbände verließen sich die Kriegführenden in steigendem Maße auf besoldete Fußsoldaten, die Landsknechte. Politisch verschob sich die Macht der Ritter zugunsten der erstarkenden Landesfürsten, unter deren Schutz sie sich oft widerwillig stellen mußten, denn *andernfalls glauben alle, sie* [die Landesfürsten]

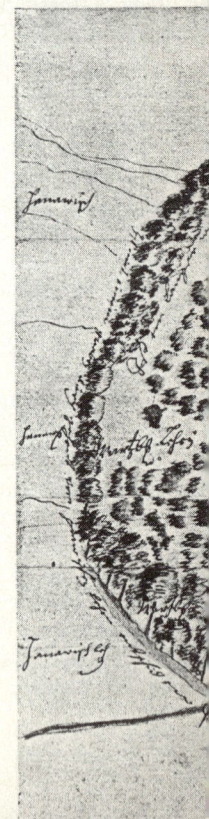

Burg Steckelberg heute...

... und nach einer Planskizze aus der zweiten Hälfte des 17. Jahrhunderts (1945 vernichtet)

könnten sich alles [gegen uns] *herausnehmen* [10]. Da die Ritter dadurch einen Gutteil ihrer Unabhängigkeit einbüßten, waren oft Ressentiments und Verbitterung die Folge. Auch in sozialer Hinsicht sahen die Ritter allmählich ihren Einfluß schwinden. Als Folge der zunehmenden Bürokratisierung in den Territorialstaaten wurden sie in steigendem Maße von akademisch gebildeten bürgerlichen Juristen aus administrativen Schlüsselpositionen verdrängt. Wirtschaftlich schließlich fühlten sich die Ritter durch das Aufblühen der Städte und die wachsende Bedeutung der Geldwirtschaft bedroht; denn ihre wirtschaftliche Grundlage war im Grunde noch mittelalterlich-feudalistisch: *Die uns ernähren sind bettelarme Bauern, denen wir unsere Äcker, Wiesen und Felder verpachten. Der Erwerb, der daraus eingeht, ist im Verhältnis zur Arbeit, die er kostet, schmal.* [11]

Huttens Herkunft aus einer reichsritterschaftlichen Familie erklärt nicht nur seine Vorurteile gegenüber den Städtern, denen er Luxus und Verschwendungssucht, und den Landesfürsten, denen er Machtgier und Willkür vorwirft, sondern auch seine Hinneigung zum Kaiser, dem allein er zutraute, die bedrohlich wachsende Macht der Landesfürsten einzudämmen.

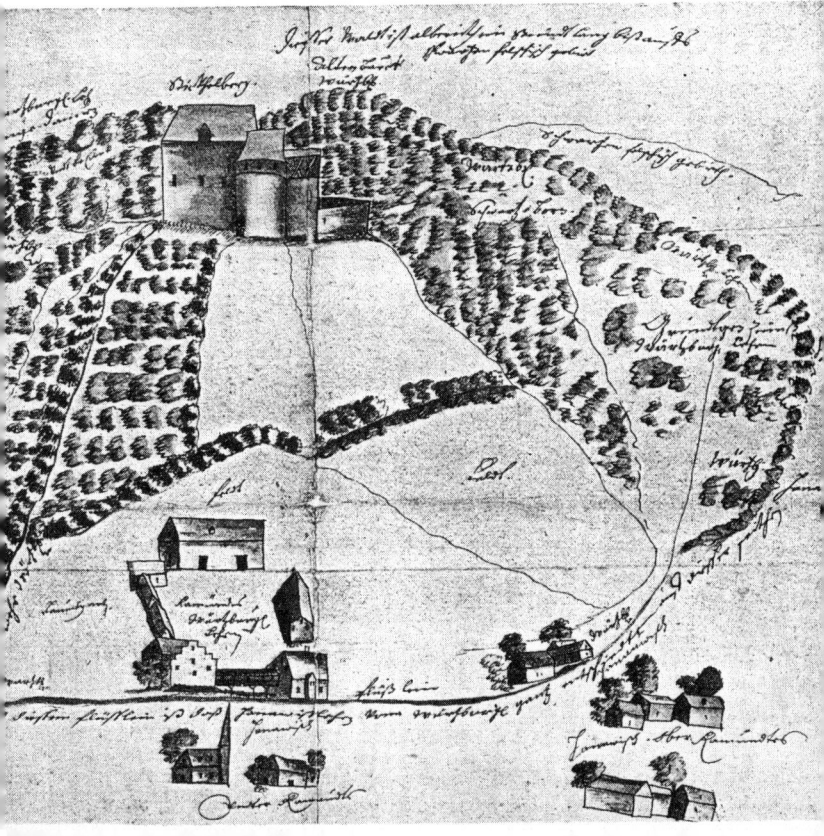

Trotzdem ist es falsch, Hutten ausschließlich aus seiner ständischen Gebundenheit verstehen zu wollen. Niemand hat die Schwächen seiner Standesgenossen, ihre Bildungsfeindlichkeit und ihr eitles Pochen auf alten Privilegien schonungsloser analysiert als Ulrich von Hutten.

Innerhalb der fränkischen Ritterschaft galten die Huttens als wohlhabend. Den beträchtlichen Grundbesitz, den zu umreiten man einen ganzen Tag brauchte, hatte der geschäftstüchtige Vater, der in kaiserlichen und hessischen Diensten viel in der Welt herumgekommen war, noch zu erweitern vermocht. Als «undurchschaubar wie Odysseus» beschrieb ihn ein Freund.[12] Das Verhältnis zu seinem Sohn war kühl. An der Mutter dagegen hing Ulrich zeit seines Lebens mit großer Zärtlichkeit. Aus

Ritter und Fuß-knecht. Holz-schnitt von Hans Wechtlin, um 1510

Fulda im 16. Jahrhundert

Rücksicht auf ihre mütterlichen Gefühle solle man ihr sein Unglück verheimlichen, dichtet er auf Latein 1510, denn sonst *sänke sie in Ohnmacht nieder und aus der erkaltenden Brust wiche ihr das Blut*[13]. Und ein Jahr vor seinem Tod schließt er sie noch in seine Gedanken ein, wenn er sagt, trotz Bann und Acht müsse er den Krieg gegen Rom führen, *wiewohl meine fromme Mutter weint*[14], wenn sie von diesen Unternehmungen hört.

Als Ulrich elf Jahre alt war, übergaben ihn seine Eltern *aus andächtiger guter Meinung* der Stiftsschule der alten Reichsabtei Fulda, nicht nur zum Besuch jener Schule, wie Hutten später ausdrücklich feststellt, sondern *mit dem Vorsatz, daß er darinnen verharren und ein Mönch werden solle*[15]. Ungewöhnlich an dieser elterlichen Entscheidung war nur, daß sie ihren Erstgeborenen – Ulrich hatte noch drei jüngere Brüder und zwei Schwestern – und nicht einen der nachgeborenen Söhne für eine geistliche Laufbahn bestimmten. Dafür war vermutlich die schwächliche Konstitution verantwortlich. Indem die Eltern ihren Sohn in die Klosterschule schickten, eröffneten sie dem geistig hellwachen, aber körperlich schwachen und deshalb für den Militärdienst kaum geeigneten Ulrich Aussichten auf eine klerikale Karriere in der begüterten Reichsabtei. Seit Jahrhunderten waren die Huttens mit dem nur wenige Reitstunden von Burg Steckelberg entfernt liegenden Kloster aufs engste verbunden. Die gutdotierten Stellen und Pfründe im Domkapitel waren dem Adel vorbehalten, und Jünglinge mußten sich beim Eintritt in das Kloster einer «Ahnenprobe» unterziehen, also dem Nachweis einer bestimmten Anzahl ritterlicher Vorfahren, eine Praxis, die den unadeligen Erasmus von Rotterdam zu der spöttischen Bemerkung veranlaßte: «In dieses Kolleg [das Straßburger Domstift] hätte Christus ohne Dispens nicht aufgenommen werden können.»[16] Während man aber in Straßburg nicht weniger als zwölf adelige Verwandte väterlicherseits und eine gleiche Anzahl mütterlicherseits nachweisen mußte, begnügte sich Fulda mit vier ritterbürtigen Ahnen.[17]

15

Schulunterricht im 15./16. Jahrhundert

Darf man den Eltern angesichts dieser Entscheidung, die eine glänzende Karriere versprach, subjektiv die besten Absichten unterstellen, so
räumt Hutten selbst ein, daß er zu diesem Zeitpunkt *das Verständnis noch
nicht gehabt* habe, daß er nicht gewußt habe, was ihm *nützlich und gut war
und wozu* er *geschickt* sei. Erst allmählich, da er *ein wenig das Leben
erkannt* hätte, sei ihm klar geworden, daß er *in einem andern Stand viel
besser gottgefällig und der Welt nützlich wandeln* könne.[18] Deshalb habe er
sich entschlossen, ohne Profeß abgelegt zu haben, das Kloster zu verlassen. Die Motive für seinen Abschied aus dem Kloster scheinen somit klar.
Unklarheit besteht jedoch über das Datum und die Umstände seines Ver-
lassens. Lange glaubte man im Anschluß an David Friedrich Strauß, den
großen Hutten-Biographen des 19. Jahrhunderts, daß Hutten 1505 unter
dramatischen Umständen und mit Hilfe seines Freundes Crotus Rubeanus aus dem Kloster entflohen sei. Nahtlos fügte sich diese Episode, die
nicht nur in fast allen Hutten-Biographien, sondern auch in der üppig

blühenden populären Hutten-Literatur melodramatisch ausgestaltet wurde, in das Bild des freiheitsliebenden, die Fesseln des finsteren Klosters sprengenden ritterlichen Rebellen. Darüber hinaus erlaubte die Klosterflucht noch eine Verbindung mit Martin Luther herzustellen. Denn in demselben Jahr, in dem Hutten angeblich den Klostermauern entwich, trat der nur um fünf Jahre ältere Luther, von religiösen Skrupeln geplagt, in das Augustinerkloster in Erfurt ein. Die Versuchung lag nahe, diesen Zufall als Ausdruck eines weltgeschichtlichen Plans zu interpretieren: auf der einen Seite Luther, der tiefreligiöse Mensch, der in der Einsamkeit der Klosterzelle mit seinem Gott ins reine zu kommen sucht; auf der anderen Seite Hutten, der Renaissancemensch, der aus dem mittelalterlichen Kloster ausbricht.

Inzwischen sind an der Flucht Huttens erhebliche Zweifel geäußert worden. Statt dessen glaubt man nun aber, daß er vielleicht schon 1503 vom Kloster aus zum zweijährigen Normstudium, dem sogenannten «biennium studii», an die Universität Erfurt geschickt worden sei.[19] Dort wird der an dieser Hochschule lehrende Crotus Rubeanus sein Interesse an den spezifisch humanistischen Disziplinen geweckt haben. Nach Ablauf dieser zwei Jahre habe sich Hutten jedoch geweigert, in das Kloster zurückzukehren. Darin liege die Revolte, denn mit dieser Entscheidung habe er die Pläne seines karriereorientierten Vaters durchkreuzt. Beweise für diesen Erfurter Aufenthalt gibt es allerdings nicht.

Als Student in Deutschland

Von diesem Zeitpunkt, 1505, begannen Huttens studentische Wander-
jahre, ein unstetes Umherziehen von Universität zu Universität, zunächst
als Student, später auch als Dozent. Das Sommersemester 1505 verbrachte er an der Mainzer Universität, danach schrieb er sich für das Wintersemester 1505/06 als «Vlricus de Hutten ex buchonia» an der Univer-

sität Köln ein, die er aber bereits im Frühjahr 1506 verließ. Über Erfurt, wo er sich nur kurz aufhielt, kam er bereits im Frühjahr 1506 an die neugegründete Universität Frankfurt an der Oder. Dort legte er am 14. September sein Bakkalaureats-Examen ab, die übliche Prüfung nach abgeschlossenem Grundstudium. Fast zwei Jahre verbrachte er an dieser Hochschule; denn erst Anfang 1508 verließ er Frankfurt, um für kurze Zeit an der damals meistbesuchten deutschen Hochschule, der Leipziger Universität, zu studieren und zu lehren. Für das Wintersemester 1509/10 ist ein Aufenthalt in Greifswald nachgewiesen; 1510 befand er sich in Rostock und Wittenberg und 1511 schließlich in Wien.

Als Hutten 1522 als Grund für seine Weigerung, ins Kloster zurückzukehren, angab, ihm sei klar geworden, daß er *in einem anderen Stand viel besser gottgefällig und der Welt nützlich* sein könne[20], so ist das lutherisch gedacht und formuliert und aus dem apologetischen Charakter der Schrift, in dem sich das Zitat befindet, verständlich, aber nicht ganz rich-

Köln. Holzschnitt von Anton von Woensam, 1531

Universitätsstudium. Holzschnitt von Grüninger, 1497

tig. Entweder hatte er wegen der zeitlichen Distanz seine ursprüngliche Motivation vergessen oder wollte sie zu diesem Zeitpunkt verschleiern. Näher der Wahrheit kommt, was er 1510, also nur fünf Jahre nach seinem lebenswichtigen Entschluß, in einem lateinischen Gedicht schrieb:

> *Besser gefiel mir der Plan, hinaus in die Ferne zu reisen,*
> *während die Jugend mir noch grüne mit fröhlichem Trieb...*
> *Nirgends behagt es mir mehr, als allenthalben zu wohnen;*
> *überall treff ich ein Haus, Felder und Vaterland an,*
> *und wenn mancher nicht gern von zärtlichen Eltern sich losreißt,*
> *und nicht weiter hinweg, als in der Heimat, sich wünscht –*
> *reizt es mich, etwas zu sein, und Ruhm zu verbreiten durch Taten.* [21]

Der Wunsch, die Welt kennenzulernen und sich mit ihr einzulassen, ist das eigentliche Motiv für Huttens Entscheidung, wobei aber das Bedürf-

nis etwas zu sein, sich durch Bildung Ruhm zu erwerben, ein ganz entscheidendes Moment ist.

Um diesen Durst auf Welterfahrung zu befriedigen, schlug der junge Hutten nicht nur eine sichere klerikaladelige Laufbahn in den Wind, sondern vertauschte auch die Vertrautheit des Klosters und des Stifts mit der Unsicherheit und Gefahr der Fremde; statt der Geborgenheit der Heimat nahm er die tägliche Herausforderung des Studentenlebens in unbekannten Universitätsstädten auf sich, und statt der einträglichen Pfründe, die ihm sicher bald in den Schoß gefallen wären, zog er die selbstgewählte Armut vor. Denn nur Erfahrungszuwachs und Studium – das ist dem jungen Adeligen inzwischen klar geworden – ist *wahrer Reichtum*[22].

Ulrich von Huttens entscheidendes Bildungserlebnis jener Jahre war die Begegnung mit einzelnen Vertretern jener literarisch-pädagogischen Bildungsbewegung, die unter dem Namen Humanismus bekannt geworden ist. Der Name stammt zwar erst aus dem 19. Jahrhundert[23], als klar erkennbare Strömung ist der Humanismus aber bereits im ersten Drittel des 14. Jahrhunderts in Italien entstanden und hat sich dann im 15. und 16. Jahrhundert über ganz Europa verbreitet. Hauptziel der humanistischen Bemühungen war die Aneignung der klassischen Antike, deren Werke man nach einem langen Schlaf während des Mittelalters wiedererweckt zu haben glaubte.

Bekannte Vertreter im Ursprungsland des Humanismus waren: Francesco Petrarca (1304–74), Giovanni Boccaccio (1312–73), heute fast nur noch als der liebenswürdige Autor des in der Volkssprache verfaßten «Decamerone» bekannt, Lorenzo Valla (1405–57) und Leonardo Bruni (1369–1444). Letzterer war es auch, der zum erstenmal in der Neuzeit den Begriff «studia humanitatis» für die von den Humanisten favorisierten Fächer gebrauchte. Man verstand darunter einen Zyklus wissenschaftlicher Fächer, der Grammatik, Rhetorik, Dichtung, Geschichte und Moralphilosophie umfaßte, dagegen Naturphilosophie, Metaphysik, Mathematik, Theologie und Jurisprudenz ausschloß.[24] Auffallend ist die starke Betonung des Sprachlichen, wobei sowohl der grammatisch-linguistische als auch der rhetorisch-literarische Aspekt betont wurde. Aus diesem Grund wurde gelegentlich auch der Begriff «bonae litterae» für die Humanitätsstudien gebraucht.

Ziel dieser Studien war nach Bruni, «den Menschen zu vollenden und kultivieren» (perficere et exornare). Bedenkt man den in dieser Formel ausgesprochenen Anspruch, der Mensch könne zum wahren Menschen nur durch die Humanitätsstudien gebildet werden, so kann man sich vorstellen, welche Revolution der Humanismus ideologisch und universitätspolitisch herbeiführen mußte, sobald er sich nicht mehr mit einer Nebenrolle begnügte, sondern auf einer Durchdringung des ganzen Wissenschaftssystems bestand. Ideologisch stellte der Humanismus eine Herausforderung dar, weil er in provozierendem Gegensatz zu den «studia

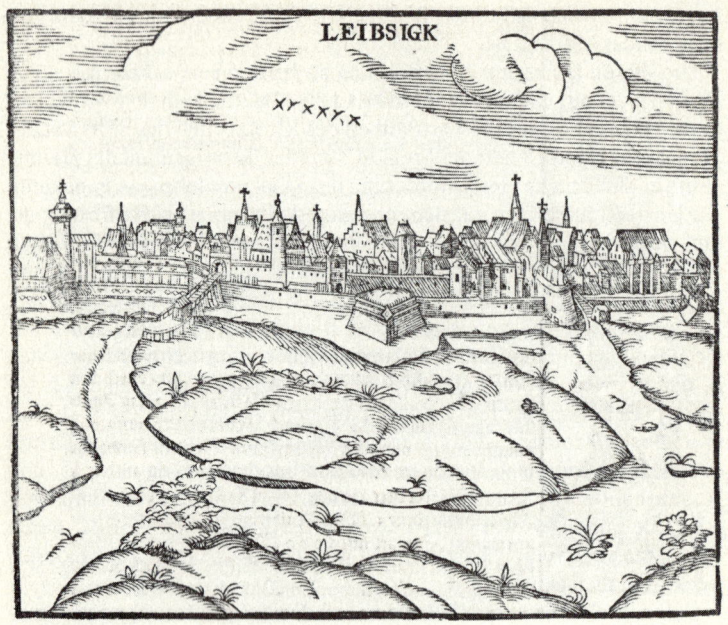

Leipzig. Holzschnitt, Ende des 16. Jahrhunderts

divinitatis», also der Theologie, das Ziel der Erziehung nicht in der Vorbereitung des an einer Heilserwartung orientierten Menschen auf ein künftiges Leben sah, sondern als eine Bildung des diesseitigen Menschen. Universitätspolitisch bedeutete der Humanismus ein Infragestellen und eine Bedrohung des Primats der Theologie und der mit ihnen verbundenen Scholastik. Im Gesamtrahmen der Renaissance stellte der Humanismus damit einen wichtigen Aspekt der immer mehr um sich greifenden Verweltlichung dar.

Anders als in Italien setzte sich in Deutschland der Humanismus nur langsam und zögernd durch. In der zweiten Hälfte des 15. Jahrhunderts begannen einzelne in Italien ausgebildete Humanisten an deutschen Universitäten Vorlesungen über lateinische Autoren zu halten. Als Wanderhumanisten zogen sie von Universität zu Universität, wobei oft nicht geistige Unruhe, sondern handfeste wirtschaftliche Überlegungen der Grund für den häufigen Ortswechsel waren. Das Studentenreservoir, das sich für die außerhalb des eigentlichen Lehrplans liegenden klassischen Studien interessierte und von dessen Gebühren die Wanderhumanisten leben mußten, war schnell erschöpft, die gängigsten Vorlesungen gehalten und hörerzahlreduzierende Wiederholungen unvermeidbar.

Unter den Frühhumanisten war es Peter Luder (1415/16–72), der nach zwanzigjährigem Aufenthalt in Italien nach seiner Rückkehr nach Deutschland mit missionarischem Eifer für die «studia humanitatis» warb. Freilich wollte weder er noch seine unmittelbaren Nachfolger die traditionellen Fächer ersetzen, sondern den humanistischen Studien innerhalb des Universitätscurriculums eine gewisse Autonomie erkämpfen. Ausgesprochene «Planstellen», also besoldete Professuren, wurden erst vereinzelt zu Beginn des 16. Jahrhunderts eingerichtet, und auch dann stellten humanistische Lehrveranstaltungen im Gesamtangebot der Universität einen verschwindend geringen Teil dar.

Bedenkt man die minimale Präsenz und das im allgemeinen bescheidene Auftreten der Humanisten, darf es nicht überraschen, daß Humanisten und Scholastiker bis etwa 1500 in friedlicher Koexistenz lebten. Solange die Vertreter der neuen Richtung sich mit Gastrollen zufrieden gaben, den traditionellen Lehrplan respektierten und nicht bedrohlich wurden, begrüßte man sie als willkommene Abwechslung. Das änderte sich erst in dem Moment, als aggressivere Naturen wie Conrad Celtis und Jakob Locher sich nicht mehr mit diesem Schattendasein zufrieden gaben, sondern heftige Angriffe auf die scholastische Philosophie und Theologie richteten.

In Deutschland fand die grundsätzliche Auseinandersetzung zwischen Humanismus und Scholastik in den ersten zwei Jahrzehnten des 16. Jahrhunderts statt und erreichte mit der Veröffentlichung der *Dunkelmännerbriefe*, als deren Mitautor Hutten gilt, ihren Höhepunkt. In dieser Satire hat er seine Verachtung dem scholastischen Wissenschaftsbetrieb gegenüber drastischen Ausdruck verliehen. Davon war freilich zu der Zeit, als er in der Oderstadt sein Bakkalaureatexamen ablegte, noch nicht viel zu spüren. Gleichwohl war es hier, während seines zweijährigen Aufenthalts, daß er unter der Anleitung seiner humanistischen Lehrer Vigilantius Axungia und Johannes Rhagius Aesticampianus sich immer mehr in die klassischen Schriftsteller vertiefte. Hier lernte Hutten nicht nur die sein deutsches Geschichtsbild prägende «Germania» des Tacitus kennen, sondern las auch zum erstenmal die «Totengespräche» des Lukianos von Samosata, eines Schriftstellers, der auf seine Dialoge entscheidenden Einfluß haben sollte. In Frankfurt schließlich veröffentlichte er seine ersten lateinischen Gedichte. Zeitüblich erschienen sie als Beiträge in Veröffentlichungen anderer, zu dieser Zeit bekannterer Dichter. Hutten wurde also in Frankfurt zum Humanisten.

Es darf deshalb nicht überraschen, daß der junge, von der neuen Bildungsbewegung begeisterte Hutten seinem Lehrer Aesticampianus noch vor Schluß des Wintersemesters 1507/08 nach Leipzig folgte. Hier infizierte er sich mit jener schrecklichen Krankheit, die damals als Franzo-

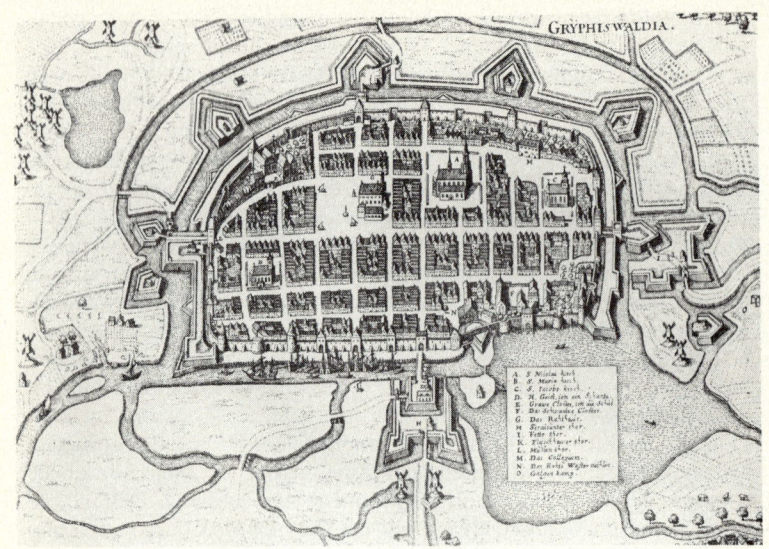

Greifswald. Kupferstich um 1652

senkrankheit bekannt war, seit etwa 1530 unter dem Namen Syphilis ganz Europa heimsuchte. Mit großer Offenheit hat Hutten immer wieder deren Symptome beschrieben: offene Geschwüre, Anschwellungen, Verhärtungen, Fieber und Schüttelfrost. Zeit seines Lebens schleppte er sich damit herum, unterzog sich mehrmals anstrengenden Kuren, schrieb, in der Meinung geheilt zu sein, aus Dankbarkeit ein vielbeachtetes Buch und starb schließlich doch erst fünfunddreißigjährig an den Folgen dieser Krankheit.

War es Rücksichtnahme des schon durch ekelerregende Ausschläge Gekennzeichneten auf seine Freunde und Bekannten oder war es der Wunsch, die nördlichste Universität Europas, Uppsala, kennenzulernen, die Hutten im Frühjahr 1509 zum Weggang aus Leipzig veranlaßten? Jedenfalls klafft zwischen dem Frühling und Herbst 1509 eine Lücke in der Biographie des Ritters, die auch die fleißigsten Forscher nicht zu schließen vermochten. Der Wiener Humanist Vadian berichtete später, wie Hutten im Herbst 1510 wie ein Odysseus zu ihm gekommen sei und ihm berichtet habe, daß er auf dem deutschen Ozean erst die Wut der Scylla erfahren habe und schließlich in die Hände des Cyclops gefallen sei.[25] Selbst wenn man von der Stilisierung des wandernden Odysseus absieht ist es durchaus möglich, daß er auf der Ostsee oder aber auch nur auf dem Oderhaff, der Pommerschen Bucht oder dem Greifswalder Bodden Schiffbruch erlitten habe.

24

Jedenfalls tauchte Hutten im Herbst 1509 in Greifswald auf, wo er sich unentgeltlich, «da aller Habe beraubt»[26], an der Universität einschrieb. Henning Lötz, ordentlicher Professor des Rechts und zugleich Domherr der Kollegiatskirche zu St. Nikolai, und dessen Vater, Wedig, ein angesehener Kaufmann und Bürgermeister, nahmen den mittellosen Studenten in ihr Haus auf, kleideten ihn ein und liehen ihm Geld. Dieses gute Einvernehmen wurde aber bald durch Spannungen gestört. Dabei mögen Meinungsverschiedenheiten zwischen dem von den humanistischen Ideen begeisterten jungen Studenten, über dessen poetische Versuche sich Lötz lustig machte, und dem konservativen Juraprofessor ebenso zu diesen Spannungen beigetragen haben wie finanzielle Gründe: die Lötzes wollten ihre Auslagen zurückerstattet haben. Gelegenheiten, durch Vorlesungen Geld zu verdienen, gab es jedoch für Hutten in Greifswald nicht. Im Dezember beschloß er deshalb, angeblich im Einverständnis mit seiner Gastfamilie, diese Stadt zu verlassen und sein humanistisches Glück an der nahen Universität Rostock zu versuchen. An einem klirrend kalten Dezembertag – sogar die Ostsee war an der Küste gefroren – machte er sich allein auf den Weg. Gerade als er den hartgefrorenen Sumpf an einer Weidenallee überquerte, verstellten ihm Lötzsche Diener den Weg, rissen ihm unter vorgehaltenem Speer die Kleider vom Körper, nahmen ihm sein bescheidenes Hab und Gut ab und scheuten sich selbst nicht, ihm das kleine Bündel eigener Schriften abzunehmen. Seinen jammernden Protest beantworteten sie höhnend: *Geh' nun und lasse dich nennen der große Poet. / Jemand schenkt dir vielleicht, wenn du ihm vorsingst, / ein neues Gewand und kleidet wieder dich ein.*[27] Mühsam schleppte sich Hutten nach Rostock, wo er sich allmählich von dem Schock des Erlebnisses erholte. Neugewonnene Freunde boten ihm Unterkunft, Essen und Geld an, und im Laufe des Frühjahrs 1510 war er sogar wieder in der Lage, humanistische Vorlesungen zu halten.

Ob sich der Vorfall tatsächlich so zugetragen hat, wie uns Hutten berichtet, wissen wir nicht, da es an Dokumenten, die die Lötzsche Version darstellen, fehlt. Aus diesem Grund läßt sich auch über die Rechtslage nichts Schlüssiges sagen. Haben die Lötzes in berechtigter Notwehr gehandelt, als sie den adeligen Studenten, der sich ihren Zahlungsforderungen entziehen wollte, noch in ihrem Gerichtsbezirk dingbar machen wollten? Dagegen spricht, daß Henning Lötz angeblich die Einwilligung zum Verlassen gegeben hatte. Zudem müßte man die Unverhältnismäßigkeit der Mittel bedenken. Die Lötzes waren eine wohlhabende Familie, die leicht den Aufschub oder sogar den Verlust der vorgestreckten Mittel hätte verschmerzen können. Daß Wedig Lötz auch in anderen Fällen bei seiner Rechtsausübung unbarmherzig handelte, zeigt der Fall eines Studenten, der bei einem verbotenen nächtlichen Trinkgelage ertappt, daraufhin in einem Handgemenge schwer verwundet wurde und an den dabei zugezogenen Wunden unversorgt im eiskalten Stadtgefängnis starb. Als

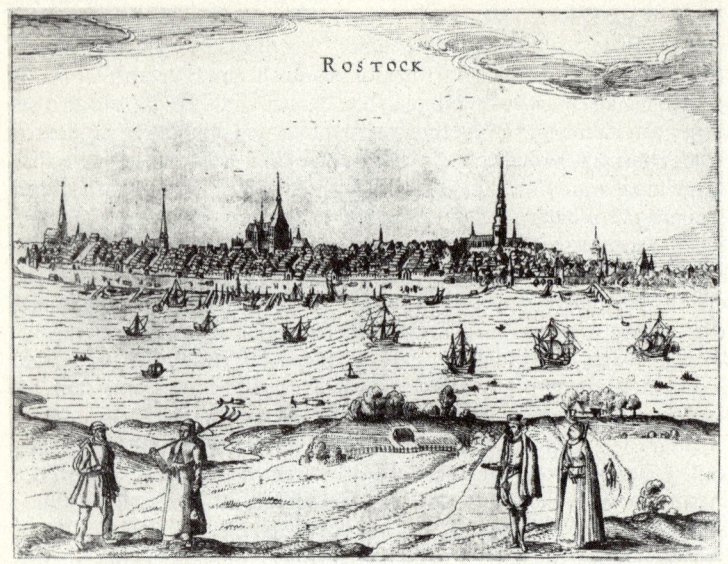

Rostock. Kupferstich, 1616

Lötz zur Rechenschaft gezogen wurde, gab er dem Studenten die Schuld an seinem Tod.[28]

Letzten Endes ist jedoch die Frage, wer Recht hatte, unerheblich, nicht nur, weil sie mangels urkundlichen Materials unbeantwortbar ist, sondern weil die Episode in der Biographie Huttens nur periphere Bedeutung hätte, falls sie nicht Anlaß zur Entstehung seiner ersten umfangreichen Gedichtsammlung, *In Lossios querelarum libri duo* (Zwei Bücher Klagen gegen die Lötzes), gegeben hätte. Die während des Frühjahrs und Sommers 1510 verfaßten Gedichte erschienen im Herbst des gleichen Jahres in Frankfurt an der Oder im Druck. Sie bestehen aus zwei Büchern zu je zehn Gedichten oder Elegien, wie sie Hutten nach Humanistenmanier nannte, und waren die erste größere Talentprobe des lateinisch schreibenden Dichters.

Über die Entstehung sagte Hutten selbst: *Meine sanfte Natur verkehrt sich in plötzliche Wut und die Gerechtigkeit spornt mein empörtes Gemüt an.*[30] Bündiger drückte es David Friedrich Strauß aus: «Die Hebamme von Huttens Geiste war der Zorn.»[31] Zorn und Empörung über das erlittene Unrecht bestimmen nicht nur den Tenor der Sammlung, sondern erklären auch die karikaturhafte Verteufelung, die sich Lötz jun. gefallen lassen muß. Er wird beschrieben, wie er mit schäumendem Mund und vom bösen Gewissen geplagt in seinem Zimmer auf und ab geht. Freilich hat Hutten diese Gedichte nicht nur verfaßt, um sich diese Entrüstung vom Leibe zu schreiben, sondern um konkrete Ziele zu erreichen. Wie alle Humanisten glaubte er an die Überzeugungskraft der Sprache: *Worte verändern die Menschen, Worte haben Gewicht!*[32], heißt es in den Elegien. Anders kann man sich seine unermüdlichen Versuche, mit seinen Schriften die öffentliche Meinung zu mobilisieren, kaum erklären. Deshalb sind auch die Lötz-Klagen zutiefst rhetorisch, das heißt auf einen bestimmten Leser bezogen, den es umzustimmen gilt. Je nach Adressat zielen sie auf Verständnis für sein Verhalten, werben um Sympathie oder fordern Restitution oder Rache. Insgesamt sind es dreizehn verschiedene Empfänger, an die Hutten seine Gedichte richtet: der Herzog Buslav von Pommern ist darunter, aber auch Freunde wie Crotus Rubeanus und Eobanus Hessus, Verwandte wie Ludwig von Hutten und ehemalige und potentielle Gönner. Allen diesen Freunden und Bekannten kann er für die erwartete Hilfe vorläufig nur die Belohnung des Himmels in Aussicht stellen.

Ulrich von Hutten war jedoch nicht der Mann, das Schicksal seiner Gegner tatenlos seinen Freunden zu überlassen. Seinen Onkel Ludwig bittet er, den älteren Lötz auf seinem Weg zur Frankfurter Messe zu überfallen und gefangenzunehmen. Die Bestrafung des Übeltäters behält sich der junge Hutten aber selbst vor: *Nimm ihn gefangen hierauf; ihn niederzumachen wär' unklug;/ seine Strafe wird ihm setzen der Dichter noch selbst.*[33] Anhaltspunkte, daß der Onkel der Bitte seines feurigen jungen Verwandten entsprochen habe, liegen nicht vor.

Vom Formellen her sind die Lötz-Klagen ein erstaunliches Werk. Nicht nur beherrscht Hutten souverän die lateinische Metrik und ist im Vollbesitz seiner rhetorischen Kräfte, sondern er zeigt auch große Geschicklichkeit in der Art, wie er im Interesse einer größeren Spannung erst allmählich das Geschehen aufhellt. Indem er von einer streng chronologischen Anordnung abweicht, schildert er erst anschaulich das Zentralerlebnis, klärt den Leser aber erst später über Motive, Vorgeschehen und Charakter der Übeltäter auf.

Im letzten Gedicht des Zyklus schickt Hutten seine Muse auf eine Reise durch den gesamten deutschen Sprachraum mit dem Ziel, *Deutschlands Dichter, die das Vaterland ehrt*[34], zu besuchen. Von Rostock geht die Reise zunächst nach Danzig, von da nach Frankfurt an der Oder, nach Schlesien, Böhmen, Wittenberg, Leipzig, Magdeburg, Erfurt, Franken, Westfalen, Köln, Koblenz, rheinaufwärts nach Speyer, Schlettstadt, Freiburg und Tübingen. Insgesamt entwirft Hutten etwa fünfzig biographische Stenogramme zeitgenössischer «poetae» – so nannten sich die Humanisten –, deren wesentliche Züge er mit sicherem Blick einfängt. Bekannte Namen darunter sind Georg Spalatin, Crotus Rubeanus, Eobanus Hessus, Mutianus Rufus, Hermann von dem Busche und Johannes Reuchlin. Andere freilich sind heute längst vergessen und wurden auch damals nur, weil sie Freunde des jungen Ritters waren, mit einem Besuch geehrt. Was dabei entstand ist ein kulturgeschichtlich faszinierendes Dokument, eine Momentaufnahme der literarischen Avantgarde um 1510 – oder was Hutten dafür hielt. Gleichzeitig ist dieses aus fast dreihundert Versen bestehende Gedicht ein wichtiges Zeugnis für sein wachsendes Selbstbewußtsein. Gegen den Willen der Eltern und die Traditionen seines Standes hatte er einen unsicheren Weg eingeschlagen, den Weg der literarischen Studien und des Dichtens, eine brotlose Kunst, wie ihm alle versicherten und wie er am eigenen Leibe erfahren hatte. Durch die Musterung der eindrucksvollen Humanistenparade versuchte er sich und seinen Lesern klarzumachen, daß er nicht allein war, sondern Mitglied jener überregionalen deutschen Gelehrten- und Dichterrepublik war, die den wahren Adel ausmachte. Wenn Hutten auf diese Weise das Bild einer geistigen «res publica literaria» entwirft, denkt er an das kulturelle Deutschland. Für bewußt politische Fragestellungen hatte er zu diesem Zeitpunkt noch kein Interesse. Erst in Wien sollte er zum politischen Dichter werden.

Wien: Erwachendes politisches Interesse

Mittellos und immer noch mit seinem Vater überworfen, begab sich Ulrich von Hutten im Frühjahr 1511 von Wittenberg aus, wo er sich nur kurze Zeit aufgehalten hatte, auf den Weg nach Wien. Vorausgegangen war die Veröffentlichung einer Verskunst, der *Ars versificatoria*, also einer Anleitung zum richtigen Verfassen lateinischer Gedichte. Das Büchlein erzielte bis 1560 über dreißig Auflagen; selbst Gottsched druckte es 1756 noch einmal ab. Vorausgegangen war aber auch ein halbherziger Versuch seines Freundes Crotus Rubeanus, zwischen Vater und Sohn zu vermitteln. Der Vater stelle sich einem Rechtsstudium nicht entgegen, hörte nun Ulrich, falls er seine «Possen» – gemeint waren die humanistischen Studien – fallenließe; es sei besser einen «Rechtsverdreher» (rabula forensis) als einen «schlechten Mönch» (monachus perversus) in der Familie zu haben. «Was ihr verlangt, kann nicht geschehen! Lebt wohl!» soll Ulrich dem Vater beschieden haben.[35]

Warum Hutten sich gerade nach Wien begab, läßt sich leicht erklären. Einmal dürfte er sich Hoffnungen gemacht haben, an der der humanistischen Bewegung aufgeschlossenen Universität Vorlesungen halten zu können. Zum anderen mag er auch vorgehabt haben, Kontakte zum Hof des als humanistenfreundlich geltenden Kaisers Maximilian aufzunehmen.

In Wien wurde Hutten von den Humanisten, die sich um Vadianus (Joachim von Watt) geschart hatten, aufs freundlichste empfangen. Diese machten ihn auch mit den Ideen des erst 1508 verstorbenen Conrad Celtis bekannt. Der deutsche «Erzhumanist», wie er später genannt wurde, hatte sich nach ruhelosen Jahren der Wanderschaft durch Italien, Polen und Deutschland schließlich in Wien niedergelassen, wo er mit kaiserlichem Privileg ein Kollegium für Dichter und Mathematiker gründete.

Unermüdlich bemühte sich Celtis nicht nur durch seine eigenen Schriften, sondern auch durch Gründung von Gemeinschaften (sodalitates) um die Ausbreitung humanistischer Ideen. Auf seine direkte oder indirekte Anregung hin entstanden derartige lockere Organisationen in Straßburg, Leipzig, Augsburg, Ölmütz, Linz und Wien. Als Interessenvertretungen gegen die Angriffe kirchlich-orthodoxer Kritiker, die die Beschäftigung mit den heidnischen Autoren skeptisch beurteilten, sahen diese «sodalita-

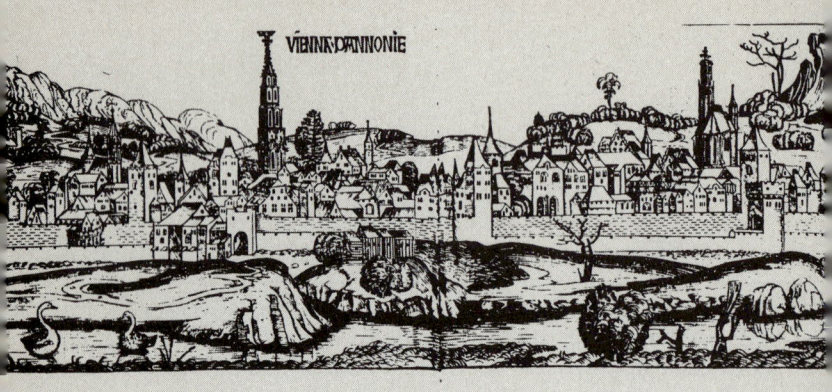

Wien. Holzschnitt aus der «Schedelschen Weltchronik», 1493

tes» ihre Aufgabe ganz konkret in der Edition klassischer Autoren und der Suche nach alten Handschriften.

Bei Celtis kommt aber zu diesen typisch humanistischen Beschäftigungen der Stolz auf die kulturellen Leistungen Deutschlands hinzu. Auf seinen Reisen durch Italien hatte er immer wieder die Geringschätzung der Italiener gegenüber dem «Barbarenland» Deutschland und dessen Kultur erfahren müssen. Seine Reaktion auf diese italienische Überheblichkeit nahm zwei Formen an. Einmal bemühte er sich, zum Teil durch eigenes Forschen zu beweisen, daß die Kultur der deutschen Vergangenheit der italienischen durchaus ebenbürtig sei. Beweise gab es genug. Hatten die Deutschen nicht das Schießpulver und die Buchdruckerkunst erfunden? Zudem bewies sein eigener spektakulärer Fund der lateinischen Dramen der Roswitha von Gandersheim, auf welchem hohen Niveau sich die Literatur des Mittelalters befunden hatte. Zum anderen aber rief er immer wieder seine Landsleute auf, die kulturelle Führung in Europa zu übernehmen, wie sie schon als Erben des römischen Reichs die politische Führung besäßen. Gerade weil Celtis seinen kulturpatriotischen Ideen deutlicher als andere Ausdruck verliehen hatte, machte er einen nachhaltigen Eindruck auf Hutten.

In Wien geriet Hutten aber auch in den Wirkungskreis Kaiser Maximilians I., eines Herrschers, dem wie keinem anderen zu dieser Zeit die Sympathien der Humanisten galten. Grund für diese Bewunderung war sicherlich nicht nur seine charmante Persönlichkeit, sondern auch seine Bereitschaft, vielen in den humanistischen Disziplinen ausgebildeten Gelehrten Gelegenheit zu geben, ihre Talente an seinem Hof einzusetzen.

Denn das humanistische Bildungsprogramm schien ihm, wie vielen anderen weltlichen und geistlichen Fürsten, vorzüglich geeignet für die Ausbildung einer laikalen Führungsschicht, die er für die vielfältigen diplomatichen und administrativen Aufgaben seines Riesenreichs verwenden konnte. Nicht nur bei diplomatischen Missionen, sondern auch in der offiziellen Publizistik und tagespolitischen Schriftstellerei erwiesen sie sich als geschickt und damit nützlich.

Bei Maximilian kam aber noch ein anderes Motiv für die Bevorzugung der Humanisten hinzu: die Sorge um seinen Nachruhm. Im «Weißkunig» schrieb er: «Wer sich im Leben kein Gedächtnis macht... desselben Menschen wird mit dem Glockenton vergessen.» Wie selten ein anderer Regent hat deshalb der Habsburger für sein «gedechtnus», der «planmäßigen Sicherung des Nachruhms im Medium der Literatur»[36], gesorgt. Ein ganzes Team von Gelehrten, Dichtern, Publizisten und Künstlern arbeiteten an der literarischen und graphischen Gestaltung seiner Memoiren.

Conrad Celtis.
Holzschnitt von
Hans Burgkmair

Dabei entstand unter anderem das umfangreiche deutsche Versepos «Teuerdank», die ebenfalls deutsch abgefaßten Prosahistorien «Weißkunig» und «Freydal» sowie eine vielfältige neulateinische Hofliteratur und die Monumentalholzschnitte «Triumphzug» und «Ehrenpforte». Neben dieser zielstrebig betriebenen Werbung für die eigene Person machte Maximilian mit zum Teil modern anmutenden Mitteln Propaganda für seine politischen Ziele, «indem er Flugschriften... in bisher unerhörter Weise massiv und gezielt einsetzte»[37] und überall im Reich und gelegentlich sogar im Feindesland sozusagen als Mittel psychologischer Kriegführung verteilen ließ.

Für die geistige Entwicklung Huttens war der kurze Aufenthalt in Wien von kaum zu unterschätzender Bedeutung. Unter dem Einfluß von Celtis und Kaiser Maximilian begann er sich für die deutsche Geschichte zu interessieren. Gleichzeitig beschäftigte er sich mit tagespolitischen Problemen. Er tat dies engagiert und mit reichen Detailkenntnissen, die in einem Mann überraschen, von dem bis zu diesem Zeitpunkt keine politischen Äußerungen bekannt waren. Erworben hatte er sich dieses Wissen vermutlich auf der Wanderung nach Wien durch Gespräche in Wirtshäusern oder durch Lektüre von Flugblättern.

Gleich sein erstes Werk, die «Mahnrede an Kaiser Maximilian, den Krieg gegen die Venezianer fortzusetzen» (*Ad Caesarem Maximilianum ut bellum in Venetos coeptum prosequatur exhortatorium*)[38], ist ein eminent politisches Gedicht, das ohne eine Skizzierung des komplizierten geschichtlichen Hintergrunds gar nicht verständlich ist.

Wegen seiner politischen Zersplitterung war in Italien ein Machtva-

Venedig. Holzschnitt aus der «Schedelschen Weltchronik», 1493

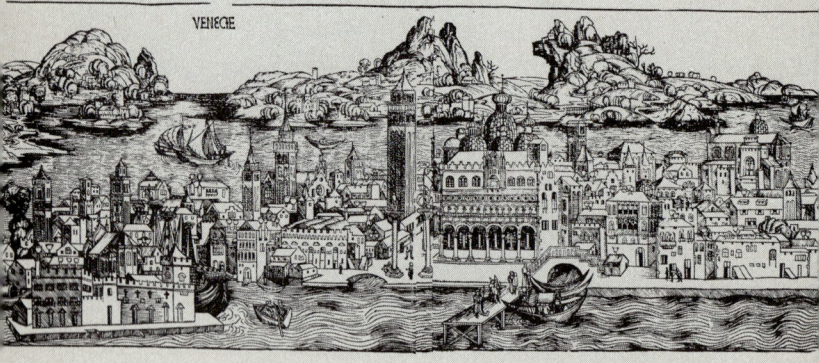

Maximilian I. Gemälde von Albrecht Dürer, 1512

kuum entstanden, das alle größeren Mächte Europas zu füllen suchten. Obwohl der Kampf um die Vorherrschaft über die Appeninhalbinsel schon seit Jahrhunderten getobt hatte, spitzte er sich in den Jahren zwischen 1508 und 1516 dramatisch zu, so daß Italien zum Kampfplatz wurde, auf dem die großen Fragen der europäischen Politik ausgetragen wurden. Gekennzeichnet wurde dieser Krieg, der Tausenden das Leben kostete, Städte zerstörte und ganze Landstriche verwüstete, durch Intrigen und ständig wechselnde Allianzen, die, obwohl immer «auf Ewigkeit» geschlossen, selten länger als einige Monate währten. Hauptakteure in diesem Drama waren die Republik Venedig, die französischen Könige Ludwig XII. und Franz I., Kaiser Maximilian und der Papst Julius II., wobei die Schweizer Eidgenossen und König Ferdinand von Kastilien wichtige Nebenrollen spielten.

Der Krieg begann, als im Jahre 1508 die Venezianer, denen neben der Lagunenstadt ein Großteil des Territoriums der Poebene gehörte, Maximi-

Venedig bittet Maximilian um Frieden. Aus Huttens «Exhortatio» an Maximilian

lian den Durchmarsch durch ihr Gebiet nach Rom verweigerten, wo er sich zum Kaiser krönen lassen wollte. Darauf griff der Kaiser die Venezianer an. Diese konnten aber nicht nur den Angriff abwehren, sondern auch in einer erfolgreichen Gegenoffensive vorher dem Reich gehörende Gebiete erobern. Um die auf diese Weise bedrohlich gewachsene Macht Venedigs einzudämmen, verbündeten sich Maximilian mit Frankreich und dem Papst in der Liga von Cambrai mit dem Ergebnis, daß die Venezianer in der Schlacht bei Agnadello (Mai 1509) geschlagen wurden und einen Großteil ihres festländischen Besitzes räumen mußten. Eine Entscheidungsschlacht gegen Venedig scheiterte aber an der Zerstrittenheit der Verbündeten, da Julius II. im Jahre 1510, in Umkehrung seiner bisherigen Politik, einen Separatfrieden mit der venezianischen Republik schloß und sich mit Spanien und England zu der Heiligen Liga verbündete. Deren Ziel war es, die Franzosen von italienischem Boden zu vertreiben.

In dieser verworrenen Situation setzt Huttens Gedicht ein. Um Zeit zu gewinnen, boten die Venezianer dem Kaiser nicht nur eine einmalige Zahlung, sondern sogar eine jährliche Abgabe an. Der Kaiser zögerte. Sollte er diesen sehr willkommenen Tribut annehmen oder sollte er den Krieg aus Prestigegründen, und um ein Exempel zu statuieren, fortsetzen? Da die Entscheidung noch nicht gefallen war, wollte Hutten mit seinem Gedicht in die politische Meinungsbildung eingreifen, wobei er nicht sachlich informieren, sondern einseitig für seine Überzeugung werben wollte. Besonders in seiner Schilderung der Venezianer bediente er sich derselben grotesken Überzeichnungen wie in den Lötz-Klagen. Ein armseliges Fischervolk, das sich durch Raub, Betrug und Meineid zu einer Großmacht hochgearbeitet habe, ein Auffangbecken für alle möglichen gescheiterten Existenzen und Schuldner, die ihren Gläubigern davonlaufen – das war für Hutten Venedig. Und dieses Land, so meint er gegenüber Maximilian, habe sich erdreistet, ihm den Weg nach Rom zu versperren: *Mit welchen Schmähungen haben sie dich nicht angegriffen? Welchen Schimpf suchten sie nicht auf dich zu wälzen, die Unflätigen, die Frösche, die immer gegen die Ehre der Könige und Fürsten quacken?... Seit Neuem suchen sie bei all ihrem Trotz, weil du sie mit den Waffen gedemütigt hast, jetzt den Frieden... um hernach dich unversehens desto leichter zu überfallen; diesen Streich hatten sie sogleich vor, dies ist ihre Politik. Aber du wirst sie... dergestalt zermalmen und zertreten, daß das Glück selber wenn es dies wollte, sie nicht vor dir zu retten vermag.*[39]

Des jungen Ritters Empörung über die dem Kaiser zugefügte Schmach wird nur begreiflich, wenn man seine Auffassung vom Kaisertum bedenkt. Humanistisch antikisierend sagt Hutten: *Jupiter ist im Himmel der Höchste, der Kaiser auf Erden, / Jener hat Götter, und dieser Menschen in seiner Gewalt.*[40] Nach Hutten legitimiert dieser an der mittelalterlichen Kaiseridee orientierte Universalismus nicht nur Maximilians Eingreifen, sondern verpflichtet ihn sogar, noch wichtigere Gegner wie die Türken zu bekämpfen.

War die «Mahnung an Maximilian» ein engagierter Eingriff in das aktuelle Tagesgeschehen, so lieferte das wesentlich kürzere, ebenfalls in Wien entstandene Gedicht «Warum Deutschland weder in seinen Tugenden noch in seinen Führern gegenüber der Vorzeit entartet ist» (*Quod ab illa antiquitus Germanorum claritudine nondum degeneraverint nostrates*)[41] gleichsam die historische Perspektive. Indem Hutten auf Gedanken des römischen Historikers Tacitus zurückgreift, der in seiner «Germania» seinen angeblich degenerierten und verweichlichten Landsleuten das Gegenbild der unverdorbenen, starken und wehrhaften Germanen vorgehalten hatte, beobachtete Hutten zwar ein Abnehmen der kriegerischen Kräfte, konstatierte aber dafür ein desto kräftigeres Aufblühen von Kunst, Wissenschaft und Gewerbe.

Der Wiener Aufenthalt endete mit einem Eklat an der Universität.

Crotus Rubeanus hat ihn in den *Dunkelmännerbriefen* parodistisch darge-stellt: «Einmal... kam ein Geselle aus Mähren nach Wien, der ein Poet sein soll und Gedichte machte; er wollte Vorlesungen über Metrik halten, war aber noch nicht immatrikuliert. Da verbot es ihm ‹magister noster› Heckmann; jener aber war so vermessen, daß er sich um dessen Verbot nicht kümmern wollte. Nun verbot der Rektor der Studentenschaft, seine Vorlesungen zu besuchen. Hierauf verfügte sich jener Lotterbursche [ri-baldus] zu dem Rektor, stieß viele hochmütige Reden aus und duzte ihn sogar. Dieser schickte nun nach den Stadtknechten und wollte ihn in den Karzer sperren lassen; denn es war doch ein Skandal, daß ein einfacher Geselle einen Universitätsrektor duzte, der noch dazu ein ‹magister noster› ist... Er stapfte einher wie ein Krieger oder wie einer, der in den Krieg ziehen will und trug einen Filzhut und ein langes Messer an der Seite.» [42]

Politik und Dichtung: Italien (1512–14)

Im Spätherbst 1511 verließ Ulrich von Hutten den «Magister noster» Heckmann und die ungastliche Wiener Universität. Sein Ziel war Italien. Drei Gründe mögen ihn dazu veranlaßt haben: einmal wollte er sich endlich an einer der hochangesehenen oberitalienischen Universitäten dem Jurastudium widmen, in das sein Vater zähneknirschend eingewilligt hatte. Zum anderen gehörte eine Reise in das Geburtsland des Humanismus zum guten Ton für deutsche Humanisten, seitdem Peter Luder nach fast zwanzigjährigem Aufenthalt im Süden in der Mitte des 15. Jahrhunderts die ersten jungen Triebe der Humanitätsstudien nach Deutschland verpflanzt hatte. Ihm waren Rudolf Agricola, Conrad Celtis, Mutianus Rufus, Willibald Pirckheimer und zahlreiche andere Humanisten gefolgt, um sich im Land der so geschätzten römischen Literatur aufzuhalten. Und drittens mag ihn Fernweh, ein Erbe seiner ritterlichen Herkunft, und der Wunsch, mit eigenen Augen den oberitalienischen Kriegsschauplatz kennenzulernen, bewegt haben. Was ihm dort zustieß, beschreibt er in einem Brief an einen Freund: *Mitte April 1512 bin ich nach Pavia gekommen, um Rechte zu studieren. Im vierten Monat meines Aufenthaltes wurde ich von französischen Soldaten, die bewaffnet die Stadt gegen die Schweizer verteidigten, drei volle Tage, obwohl ich an Fieber litt, im äußersten Winkel eines Hauses gefangengehalten... Kurz danach, nachdem die Stadt von den Schweizern eingenommen worden war, wurde ich als vermeintlicher Anhänger der Franzosen gefangengenommen, ausgeraubt und aufs elendigste hin und hergeschleppt, bis ich endlich unter Verlust von Geld und Gut befreit wurde. Danach verließ ich die verödete, vom Pöbel besetzte, von Morden, Hunger und Seuchen heimgesuchte Stadt und ging im Juli nach Bologna.*[43]

In dieser Stadt studierte Hutten bis Juni 1513 Rechtswissenschaften, mußte aber dann sein Studium abbrechen, da die finanziellen Zuwendungen aus Deutschland wegen des Kriegs ausblieben. Um sich seinen Lebensunterhalt zu verdienen, schloß er sich dem Heer Kaiser Maximilians an. Mit einem kaiserlichen Kontingent kehrte er im Februar 1514 nach Deutschland zurück.

Außer diesen knappen Angaben ist wenig Gesichertes über den zweiundzwanzigmonatigen italienischen Aufenthalt Huttens bekannt, und

Schlachtszene. Holzschnitt des Petrarca-Meisters, 1519–20

man müßte den Faden dieser biographischen Skizze erst wieder nach seiner Rückkehr in seine Heimat aufnehmen, wenn er nicht während dieser Zeit über hundert kurze lateinische Gedichte geschrieben hätte, die uns einen aufschlußreichen Blick in sein damaliges Denken gewähren. Obwohl einzelne dieser Epigramme, wie er sie nach Humanistenart nannte, bereits kurz nach ihrer Entstehung als Einblattdrucke oder auch in handschriftlicher Form unter seinen Freunden kreisten, wurde die Mehrzahl erst 1519, vermehrt um etwa fünfundzwanzig neue Gedichte, mit einer Widmung an Kaiser Maximilian veröffentlicht.[44]

Als «frühe journalistische Meisterstücke einer vordem unbekannten Reportage des Krieges» hat man diese Gedichte bezeichnet.[45] Das Urteil trifft einen wichtigen Aspekt; denn Hutten war ein aufmerksamer und oft betroffener Augenzeuge des norditalienischen Kriegsschauplatzes: *Wer könnte bei dem Anblick der unbegraben daliegenden deutschen Jugend sich der Tränen enthalten?*[46] So fragt er sich erschüttert, als er das mit Leichnamen und verstümmelten Gliedmaßen übersäte Schlachtfeld von Ravenna erblickt. Wie er selbst einmal in die Kampfhandlungen geriet, schildert er in dem Gedicht *Hutten bei der Belagerung von Padua.* Nachdem sein Stoßgebet um Rettung unbeantwortet geblieben ist, kann er sich nur durch einen unheroischen Sprung in einen Graben retten.[47]

So eindrucksvoll die Gedichte in einzelnen Fällen sein mögen, als Kriegsreportagen wird man sie kaum reklamieren können, denn von diesen erwartet man außer den subjektiv gefärbten Eindrücken vom Schlachtfeld Schilderungen von Siegen und Niederlagen sowie Überlegungen über deren strategische Bedeutung. Davon findet man hierin wenig. Ebenso ist es unmöglich, die Ereignisse dieses Krieges auf Grund der Gedichte rekonstruieren zu wollen. Freimachen muß man sich schließlich von der modernen Vorstellung, Dichtung als zweckfrei zu interpretieren. Humanistische Lyrik war weitgehend Gebrauchslyrik. Sie hatte bestimmte Zwecke und Ziele. Unter dem schockartigen Eindruck der militärisch-politischen Auseinandersetzungen in Oberitalien schrieb Hutten eminent politische Gedichte, das heißt Versuche, den Lauf der Geschichte in seinem Sinne zu beeinflussen.

Wie in der in Wien entstandenen *Mahnung* wird Maximilian als Herrscher über ganz Europa apostrophiert, eine Auffassung, die uns aus der Perspektive des 20. Jahrhunderts als arrogant erscheinen mag, am Anfang des 16. Jahrhunderts aber nicht nur unter patriotisch gesinnten Humanisten weit verbreitet war. Selbst prominente Italiener wie Gianfrancesco Pico della Mirandola und Riccardo Bartolini, die ständig die politische Zersplitterung ihres Landes vor Augen hatten, waren leidenschaftliche Verfechter einer Weltmonarchie unter dem Kaiser. Bemerkenswert ist aber an den Gedichten Huttens, daß die meisten frei von den für die humanistische Panegyrik so charakteristischen Schmeicheleien sind. Ulrich von Hutten verstand es gegenüber dem Kaiser, eine kritische Distanz zu wahren.

Nicht Schmeicheleien, sondern Aufrufe zu handeln bilden deshalb auch den Haupttenor dieser Epigramme. Appelle waren bitter nötig, denn die Diskrepanz zwischen Maximilians Anspruch, die stärkste politische Kraft in Europa zu sein, und seiner militärischen Schwäche, war für jeden Beobachter offenbar. Zwar fehlte es nicht an dem Wunsch, seine Macht in Norditalien geltend zu machen. Dagegen mangelte es an finanziellen Mitteln. Seine wiederholten Bitten an die Reichstage wurden immer wieder mit der gleichen Begründung abgelehnt: seine italienischen Abenteuer hätten nichts mit den Interessen des Reiches zu tun. Ständig ohne Geld war der Habsburger gezwungen, sich riesige Summen von den Fuggern zu leihen und den letzten Pfennig aus seinen österreichischen Erblanden herauszupressen. Besonders das vom venezianischen Expan-

Kampf zwischen Reichsadler und dem venezianischen Frosch.
Holzschnitt von Hans Weidnitz in Huttens Epigrammen an Maximilian, 1519

sionismus am meisten bedrohte Tirol hatte unter diesen Abgaben zu leiden.

Einem Mann wie Hutten, dessen Temperament zu Handlung drängte, war Maximilians Tatenlosigkeit deshalb eine ständige Quelle unverhohlener Enttäuschung und Frustration. Immer wieder findet er neue Argumente, um den Kaiser doch noch zum Handeln zu bewegen: die Konstellation der Sterne sei günstig, ein Krieg bringe viel Ruhm, der Gegner sei schwach und zerstritten und die Verantwortung für ganz Europa groß.[48]

Zieht der Kaiser einerseits Huttens positive, wenn auch nicht unkritische Aufmerksamkeit auf sich, so sind es andererseits die Venezianer, über die der deutsche Humanist, wie schon vorher, aber jetzt angereichert durch persönliche Erfahrungen, seinen ganzen Spott ausgießt. Venedigs Herrscher diffamiert er als *grausame Regenten, repressive Tyrannen, wilde Volksfresser, raubgierig und blutrünstig*[49]. Das heraldische Tier der

Lagunenstadt sollte nicht der stolze Löwe, sondern der häßliche Frosch sein, den aber der kaiserliche Adler – so Huttens Wunschdenken – in den Sumpf zurückbefördert: *Ein geschwätziger Frosch entkroch den Sümpfen Venedigs, / wagt's, und wohin er gehüpft, quakt er: «Mein ist dies Land.» / Als ihn vom Wolkensitz Jupiters Vogel gewahrte, / schlenderte er rasch in den Pfuhl ihn mit der Klaue zurück.*[50]

In ähnlicher, wenn auch weniger maliziöser Weise mokiert sich Hutten über die Franzosen, die 1512 die Liga von Cambrai verlassen und mit dem ehemaligen Erzfeind Venedig ein Bündnis geschlossen hatten – selbstverständlich wieder «auf Ewigkeit». Sarkastisch kommentiert Hutten: *Nun kehrt wieder die goldene Zeit und das Reich des Saturns; / jetzt erst wird dir auf Wort, Seherin Kumäs geglaubt. / Schüchterne Hirschen kommen zum Mahl mit Hunden, der Schafstall / schliesset die wider sich selbst grimmigen Wölfe dort ein. / Denn die Extreme begatten sich ja, rings herrschet der Friede: / mit dem gefräßigen Leun schliesset Verbündnis der Hahn.*[51] Daß nüchterner, realpolitischer Kalkül der Grund für den Bündniswechsel waren, durchschauten viele, aber keiner formulierte es so bündig wie Hutten: *Was die Venediger tun? Sie kämpfen. Ihr Kriegsvolk? Sind Frösche. Und ihre Führer? Das Heer lenkt ein erlogener Löwe. / Hilfe von wem? / Den Franzosen. Welchem der Feinde / gilt's? Dem Kaiser. Ihr Ziel? Italien!*[52]

Von allen Akteuren des achtjährigen Kriegsdramas war Papst Julius II. die schillerndste Figur. Als freigebiger Mäzen gegenüber Michelangelo, Bramante und Raffael in die Kunstgeschichte eingegangen, hatte er für die geistlichen Aufgaben seines Amtes wenig Interesse, dafür um so mehr für die politische und militärische Sicherung und Expansion des Kirchenstaates. «Il terrible», so nannten ihn seine Landsleute, führte meist die päpstlichen Truppen selbst in die Schlacht. Bei der Eroberung der Burg Mirandola drang er als erster vor seinen Soldaten auf Sturmleitern in die belagerte Stadt ein. Galant begleitete er nach der geglückten Einnahme die Witwe des Grafen aus der Stadt, um anschließend weniger galant deren gesamtes Territorium dem Kirchenstaat einzuverleiben. Als Machtpolitiker machiavellistischen Zuschnitts schloß und brach er Bündnisse nach Belieben.

Ulrich von Hutten sah in Julius nicht in erster Linie das kirchliche Oberhaupt, sondern den gefährlichen und skrupellosen Gegenspieler seines Kaisers. Dies erklärt die Schärfe seiner Angriffe: *Dieser [Julius], ein Vater so großer Verbrechen, ein Freund des Betruges, / welchem der Krieg ein Genuß, welchem der Friede zur Last; / welcher befleckt durch jegliche Sorte von viehischer Wollust, – / konnten die Götter der Welt Schlimmeres senden als ihn?*[53] Und in Anspielung auf die Ermordung des Julius Caesar durch Brutus fordert Hutten sogar zum Mord an diesem ungeliebten Herrscher auf: *Julius herrschet in Rom; schafft einen Brutus, ihr Götter! / Brachte Verderben doch Rom jeglicher Julius noch.*[54]

Papst Julius II. Nach einem Gemälde von Raffael, um 1511

Sechs Jahre später wurde Hutten einer der schärfsten deutschen Kritiker des Papsttums. Es war hier, während seines Italien-Aufenthalts, daß diese Ressentiments zum erstenmal auftauchen. Zunächst blieben diese Angriffe aber auf die Person des Papstes beschränkt; der Machtapparat der Kirche, das Papsttum als religiöse und politische Einrichtung, blieben zu diesem Zeitpunkt außerhalb seines Blickfelds.

Vergleicht man die Lötz-Klagen mit den in Italien entstandenen Epigrammen, erstaunt man, wie stark sich in nur drei Jahren Huttens Horizont erweitert hat. In Rostock thematisierte der humanistische Ritter seine Empörung über ein persönlich empfangenes Unrecht. Sein Gegner war ein kleinlicher Juraprofessor in einer norddeutschen Provinzstadt. Die geschliffenen Epigramme andererseits verraten ein wachsendes Interesse an den großen Fragen der europäischen Politik und ein leidenschaftliches Engagement für den Kaiser. Seine Gegner sind die Feinde Maximilians: die mächtige venezianische Republik, die Franzosen und der Papst.

Mainz und die literarische Fehde mit Ulrich von Württemberg

Als Hutten im Februar 1514 nach Deutschland zurückkehrte, war der Empfang auf der heimatlichen Burg kühl. Statt, wie gehofft, den scheinbar Genesenen nach so langer Abwesenheit und so vielen durchstandenen Gefahren freudig in die Arme zu schließen, wurde er mit Klagen und Vorwürfen überhäuft: *Man sieht mich an, als wäre ich jener verlorene Sohn, der verdiente zum Schweinehüten... verbannt zu werden,* klagte er seinem Freund Crotus Rubeanus.[55] Besonders verübelte man ihm, daß er sich immer noch den alten Possen, den literarisch-humanistischen Studien, widme und ohne den Doktor der Jurisprudenz nach Hause gekommen sei. Einen «Niemand» nannte ihn ein Verwandter, was Hutten zu der Bemerkung veranlaßte: *Der einfältige Mensch wollte dadurch andeuten, daß ich noch durch keinen Titel ausgezeichnet sei.*[56]

Die halb hingeworfene Bemerkung, daß er ein «Niemand», ein «Nemo» sei, traf Hutten und inspirierte ihn, ein kurzes Gedicht aus seiner frühen Studentenzeit, das bereits 1510 erschienen war, neu zu bearbeiten. Der um diese Zeit, also 1514/15 entstandene, aber erst 1518 gedruckte *Nemo* II ist gegenüber dem Ur-*Nemo* nicht nur auf fast das Doppelte erweitert, sondern auch in seiner ganzen Tendenz verschärft worden. Er ist Ausdruck einer tiefen inneren Krise, in die er unmittelbar nach seiner Rückkehr nach Deutschland geraten war.

Auf den ersten Blick erscheint das Gedicht als schlichte Ansammlung von paradoxen Aussagen privater, philosophischer und politischer Natur wie: *Niemand war immer; Niemand kann alles; Niemand zieht gegen die Türken in den Krieg; Niemand wagt, den Luxus und die Muße des Papstes zu kritisieren.*[57] Was aber beim ersten Lesen als eine bloße Reihung von kaum miteinander verbundenen Sprüchen erscheint, entpuppt sich bei genauerem Hinsehen als eine äußerst geschickte Kritik nicht nur an der politischen Gegenwart, sondern auch an jahrhundertealten kirchlichen Dogmen. Der Kunstgriff besteht darin, daß «nemo», Niemand oder niemand, sowohl ein verneinendes Pronomen als auch der Name einer Person, die zufällig Niemand heißt, sein kann. Auf diese Weise gelingt Hutten das Paradox, etwas gleichzeitig zu negieren und zu behaupten. Wenn er zum Beispiel schreibt: *Niemand wird ohne die heilbringende Taufe gerettet* oder: *Niemand glaubt nicht an Christus, ist aber trotzdem ein guter*

ALBERTVS·MI·DI·SA·SANC·
ROMANAE·ECCLAE·TI·SAN·
CHRYSOGONI·PBR·CARDINA·
MAGVN·AC·MAGDE·ARCHI·
EPS·ELECTOR·IMPE·PRIMAS·
ADMINI·HALBER·MAR·CHI·
BRANDENBVRGENSIS·

SIC·OCVLOS·SIC·ILLE·GENAS·SIC·
ORA·FEREBAT·
ANNO·ETATIS·SVE·XXIX·
·M·D·XIX·

Albrecht von Brandenburg. Kupferstich von Albrecht Dürer, 1519

Mensch[58], so sind dies auf den ersten Blick zwei theologisch unanfechtbare Thesen. Faßt man Niemand als konkrete Gestalt auf, und als solche ist sie auf dem Titelblatt dargestellt, werden die Sätze zu ketzerischen Behauptungen, gesprochen in einer Welt, in der tatsächlich niemand außerhalb der etablierten Kirche sein Seelenheil erlangen und der Nichtgläubige nicht als guter Mensch vorgestellt werden konnte. In einem Zeitalter, in dem der Ruf «Auf den Scheiterhaufen!» nur allzu schnell erklang, erweist sich damit Huttens ambivalente Sprache als geschickte Schutzmaßnahme.

Wir sind nichts, Crotus, und hören nicht eher auf, nichts zusein, bis wir irgendeine Rolle in dieser Komödie übernehmen, hatte Hutten an Crotus

Rubeanus geschrieben.[59] Im Jahre 1514 bot sich dem unbeschäftigten Ritter eine Möglichkeit, *eine Rolle in dieser Komödie* zu spielen. Dank der Fürsprache seines Mainzer Verwandten Frowin von Hutten wurde er an den Hof des jungen Erzbischofs und Kurfürsten Albrecht von Brandenburg gezogen. Eine entscheidende Rolle bei dieser Berufung hatte Eitelwolf von Stein, den Hutten noch aus ihrer gemeinsamen Studienzeit in Frankfurt an der Oder als einen den humanistischen Studien gegenüber aufgeschlossenen Gelehrten in Erinnerung hatte. Dieser Mann versprach, die Mainzer Universität nach humanistischen Prinzipien zu reformieren, wozu die besten Gelehrten von anderen Universitäten abgeworben werden sollten. Mainz sollte zu einem Florenz des Nordens werden.

Ulrich von Hutten akzeptierte dankbar; denn in Eitelwolf sah er nicht nur einen einflußreichen Bundesgenossen für seine bildungspolitischen Pläne, sondern auch einen jener seltenen Standesgenossen, die sich für den Humanismus interessierten. Denn normal war eher die kühle Be-

Holzschnitt des
Petrarca-Meisters, 1518

handlung, die ihm zu Hause widerfahren war. Sie war typisch für die Einstellung des Adels gegenüber den humanistischen Studien. An Eitelwolf schrieb er: *Du siehst, welch schlechte Sitten sich bei unserem Stand eingebürgert haben. Ein Beobachter möchte eher von Zentauren als von deutschen Rittern sprechen. Wenn ein begabter Adliger sich den Wissenschaften zuwendet, heißt es gleich, er habe keine Würde mehr und verrate die Ideale der Vorfahren. Sie lachen über ihn, verspotten ihn und zeigen mit dem Finger auf ihn.*[60] Da ein adeliger Humanist ein Außenseiter war, war es verständlich, daß Hutten durch die Protektion eines so bildungsfreundlichen Aristokraten diese Außenseiterstellung in seinem Stand zu überwinden hoffte.

In dieser Situation konnte es sich Hutten gar nicht leisten, die Anregung seines Gönners abzulehnen, anläßlich der Erhebung Albrechts zum Erzbischof ein Lobgedicht oder einen Panegyrikus auf ihn zu verfassen. Im November wurde das Gedicht Albrechts handschriftlich überreicht und Anfang 1515 gedruckt.[61]

Die festliche Freude beim Eintritt des Kurfürsten in die Stadt Mainz, die jahrmarktartige Stimmung, die Hoffnung, die sich an Albrechts Wahl knüpften – all das wird in 1300 lateinischen Hexametern detailliert und mit großem, rhetorischem Glanz ausgebreitet. Als günstiges Omen und Beweis göttlichen Wohlwollens deutet der Verfasser die Tatsache, daß innerhalb kurzer Zeit, zwischen 1504 und 1514, drei Erzbischöfe von den Göttern hinweggerafft worden seien, um Albrecht Platz zu machen. Selbst der Rhein erscheint in dem Gedicht zur Feier. Auf seinem Mantel haben die Nymphen Szenen aus der deutschen Geschichte eingewoben. Auch dies ist eine willkommene Gelegenheit für Hutten, mit seinem poetischen Talent und historischen Wissen zu renommieren. Gleichzeitig äußert der Dichter die Befürchtung, daß Albrecht die ihm angetragene Ehre ausschlagen könnte. Davon konnte selbstverständlich nicht die Rede sein; denn die Wahl des Kurfürsten war das Ergebnis einer zielbewußten Hausmachtpolitik der hohenzollernschen Brandenburger. Die noch junge, aber aufstrebende Dynastie hatte weder Intrigen noch Kosten gescheut, die Wahl des jungen Albrecht zunächst zum Erzbischof von Magdeburg und dann ein Jahr später zum Erzbischof von Mainz sicherzustellen. Dafür war ein päpstlicher Dispens nötig, denn nach geltendem kanonischem Recht war eine derartige Ämterhäufung verboten. Wie in vielen ähnlichen Fällen erwiesen sich die finanzstarken Fugger als unersetzlich. Sie liehen den dafür nötigen Betrag, und da sie den in Albrechts Diözöse kräftig blühenden Ablaßhandel verwalteten, hatte sich der Betrag bald amortisiert.

Kann man das Preisgedicht auf Albrecht als ein bestelltes Machwerk abtun, mit dem sich der junge Humanist bei einem potentiellen Gönner einschmeicheln wollte? Damit würde man Hutten wohl Unrecht tun. Zwei Motive dürften für das Verfassen des Werkes ausschlaggebend gewesen sein: einmal konnte er einem bildungsstolzen Humanistenkreis, der genußvoll die zahlreichen Anspielungen auf lateinische Dichter und Historiker dechiffrierte, beweisen, daß er die vielen Jahre auf deutschen und italienischen Universitäten gewinnbringend, wenn auch nicht im Sinne der Eltern, genutzt hatte; zum anderen galt es, die wenigen einflußreichen Männer, die überhaupt einen Sinn für die neuen Studien hatten, zu ermuntern.

Mit der Ernennung zum Erzbischof war die Erzkanzlerwürde des Reiches und der Primat über die deutschen Bischöfe verbunden. Im Alter von 24 Jahren war Albrecht damit zum mächtigsten deutschen Fürsten aufgestiegen. Zwar erwies sich Huttens im Gedicht ausgesprochene Behauptung, Albrecht habe sich, wie einst Herkules am Scheidewege, zwischen Sinnlichkeit (libido) und Tugend (virtus) für letztere entschieden, als verfrüht. Der Erzbischof war wegen seiner vielen Liebesaffären bekannt. Andererseits unterschied er sich aber durch seine Kunstsinnigkeit und Bildungsfreundlichkeit wohltuend von den meisten seiner weltlichen und geistlichen Kollegen, die ihre Zeit mit Kriegen, Trinken und Jagd vergeudeten. Er erwies sich als freigebiger Mäzen der Künste, der Matthias Grünewald, Peter und Albrecht Vischer und Lucas Cranach beschäftigte, mit Albrecht Dürer korrespondierte und sogar Erasmus an seinen Hof ziehen wollte.

Auch in diesem Falle zeigte sich Albrecht als großzügiger Patron. Mit den Worten *Dies gibt dir der Fürst für deine literarischen Arbeiten* [62] überreichte Eitelwolf Hutten 200 Gulden, eine enorme Summe, wenn man bedenkt, daß Conrad Celtis für seine kulturgeschichtlich hochinteressante Abhandlung über Nürnberg, die «Norimberga», von dem Magistrat der wohlhabenden Reichsstadt mit 8, später 20 Gulden abgefunden wurde. Natürlich konnten die Nürnberger auch keinen Ablaß verkaufen, um ihre Literaten zu subventionieren.

Nicht nur die Großzügigkeit des Erzbischofs, sondern die Stadt Mainz selbst hatte es Hutten angetan. Auch später rühmte er es immer wieder: *Unter allen Städten teutscher Nation, die man entweder... ihrer Gelegenheit* [Lage] *oder aber um Gesundheit willen der Luft lobt, möge Mainz den Fürgang* [Vorzug] *und Preis behalten. Denn bessere Luft hab' ich in keiner Stadt nie funden, so ist es ohnmaßen lustig* [anmutig] *gelegen bei der Vermischung zweier großer schiffreicher Wasser, darum man leichtlich und ohne große Kosten hin und wieder spazieren und allweg bald, was an allen Örten neuer Mär sein, Wissens bekommen mag.* [63]

Mainz als Umschlagplatz für Gerüchte in einer Zeit, die nach Neuigkeiten hungerte, als Sitz des bedeutendsten deutschen Kurfürsten, schließlich seine zentrale Lage – mehrere Gründe mögen es gewesen sein, die Erasmus von Rotterdam dazu veranlaßt haben könnten, auf dem Weg von England nach Basel in dieser Stadt Station zu machen. Von den dortigen Humanisten, Hutten, Hermann von dem Busche und Johannes

Thomas More. Zeichnung von Hans Holbein d. J.

Reuchlin, der sich allerdings nur zufällig in Mainz aufhielt, wurde er bei einem Gastmahl festlich empfangen. Hutten war von dem holländischen Humanisten tief beeindruckt. Ein Jahr später schrieb er ihm, er wolle sich ihm enger als einst Alkibiades dem Sokrates anschließen, denn *warum sollte ich dich nicht einen deutschen Sokrates nennen, der du dich so sehr um die wissenschaftliche Bildung in Deutschland verdient gemacht hast wie einst jener in Griechenland?*[64].

Ulrich von Hutten war nicht der einzige in Deutschland, ja in Europa, der Erasmus so leidenschaftlich verehrte. Der fünfundvierzigjährige Humanist stand gerade auf der Höhe seines Ansehens. Durch seine Sprichwortsammlung, die «Adagia», seine «Kolloquien», seine Satire «Das Lob der Torheit» und seine Ausgaben der Kirchenväter war er zum angesehensten Gelehrten Europas geworden. Könige, Fürsten und Universitäten umwarben ihn. Mit den besten Köpfen seiner Zeit korrespondierte er und ein Brief aus seiner Feder galt als Kostbarkeit. Von dem Schweizer Theologen Oekolampad wurde berichtet, daß er einen Brief des berühmten Humanisten rahmen ließ, der ihm allerdings später von einem anderen Erasmus-Bewunderer entwendet wurde.[65]

Nach Aufenthalten in Frankreich, England, den Niederlanden, Italien und nochmals England kehrte Erasmus 1514 auf den Kontinent zurück, um in Basel persönlich den Druck seiner Schriften zu betreuen. Seine Reise rheinaufwärts gestaltete sich zu einem wahren Triumphzug. Zu seinen Ehren veranstalteten die deutschen Humanisten Empfänge und Bankette.

Trotz der unterschiedlichen Temperamente entwickelte sich seit diesem Zeitpunkt zwischen Hutten und Erasmus eine Freundschaft, die weit über die zwischen Humanisten üblichen freundlichen Beziehungen hinausging. Überraschend dabei ist weniger, daß Hutten den älteren Freund wie ein Idol verehrte, sondern daß Erasmus an dem jungen Mann so viel Gefallen fand. Er lobte nicht nur den Charme und Witz dieses «Lieblings der Musen»[66], sondern zeigte auch seine Hochachtung, indem er ihm eine biographische Skizze seines berühmten englischen Freundes Thomas More als Brief widmete.[67] In einer Zeit, als die kürzeste Erasmische Notiz, wie wir sahen, als humanistischer Ritterschlag galt, mußte dieser umfangreiche Brief als Beweis höchster Wertschätzung betrachtet werden. Und als der Erzbischof von Mainz später Erasmus einlud, an seinem Hof die Heiligenleben aus «barbarischem» Kirchenlatein in elegantes Humanistenlatein zu übertragen, lehnte der berühmte Gelehrte zwar ab, schlug aber gleichzeitig sozusagen als seinen humanistischen Vertreter Hutten für diese Aufgabe vor. Allerdings konnte sich auch dieser nicht für sie begeistern.

Der Erzbischof hatte Hutten eine Stellung am Mainzer Hof in Aussicht gestellt, sobald er seine Rechtsstudien in Italien abgeschlossen habe.[68] Bevor Hutten aber zu diesem Zweck in den Süden zurückkehrte, begab er sich im Frühjahr 1515 zur Kur nach Bad Ems. Dort erreichten ihn an einem einzigen Tag im Mai zwei schmerzliche Nachrichten: einmal war sein Gönner, Eitelwolf von Stein, erst fünfzigjährig gestorben; zum anderen war sein Vetter Hans von Hutten vom Herzog von Württemberg meuchlings ermordet worden. Auf den *gelehrten Ritter* [Eitelwolf], *der alle Gelehrten und Wissenschaftler liebte und seinerseits von allen geliebt wurde*[69], schrieb er einen bewegten Nachruf.[70] Der Mord an seinem Verwandten verlangte eine andere Antwort.

Herzog Ulrich von Württemberg hatte den jungen Hans von Hutten als engen Vertrauten und Stallmeister an seinen Hof gezogen. Dort verliebte sich der mit Sabine von Bayern unglücklich verheiratete Herrscher aber in die junge und attraktive Frau des Hans. Die Freundschaft schlug in Feindschaft und schließlich blinden Haß um. Bei einem gemeinsamen Ausritt in den Böblinger Wald gelang es dem Herzog schließlich, sich seines lästigen Rivalen zu entledigen. Die Diener wurden unter einem Vorwand weggeschickt. Man war allein. *Da ermordet der Herzog den Jüngling mit dem Schwert: der Schwerbewaffnete den Unbewaffneten, der Verbrecher den Unschuldigen, wobei fünf Rückenwunden* darauf hindeuten, daß Hans von hinten ermordet wurde. *Scheugemacht und mit dem Blut seines Herrn bespritzt, stürzt das Pferd zu den Reitern, die der Herzog weggeschickt hatte, als wolle es den Mord an seinem Herrn ankündigen.*[71] Um anzudeuten, daß Hans angeblich ein Verbrecher sei, der den Tod durch den Galgen verdiente, erhängte er den Toten auch noch symbolisch. Er stieß einen Degen in den Boden und befestigte daran einen Gürtel, den er um des Ermordeten Hals legte. Den Huttens verweigerte er die Auslieferung des Leichnams.

In einem Ausschreiben verlangten die Huttens vom Kaiser und von den Fürsten Bestrafung der Freveltat. Maximilian zeigte jedoch zunächst

Ulrich von Württemberg ermordet Hans von Hutten. Titelholzschnitt des Petrarca-Meisters zu Huttens «Phalarismus», 1517

Ulrich von Württemberg. Gemälde des Meisters J. S.

keine Neigung, den Mörder, mit dessen Frau er verwandt war, zur Rechenschaft zu ziehen. Erst als die temperamentvolle Herzogin vor den Drohungen ihres Mannes zu ihren bayerischen Brüdern geflohen war, änderte er seine Meinung. Was zunächst wie ein melodramatisches Rührstück ausgesehen hatte, wurde damit zu einer hochbrisanten politischen Angelegenheit; denn jetzt hatten die Huttens in den Bayern potente Verbündete gefunden. Nachdem ein Vergleich zwischen den streitenden Parteien gescheitert war, sprach der Kaiser die Acht über den Herzog aus. Erst unter dem Druck dieser Maßnahme erklärte sich der Schwabenherrscher zu einem Kompromiß bereit: die Feindseligkeiten wurden eingestellt, Ulrich gab für fünf Jahre die Regierung an ein Regiment ab, die Acht wurde aufgehoben und die Huttens erhielten eine beträchtliche finanzielle Entschädigung. Als der Herzog jedoch 1519 nach dem Tod Maximilians die Regierung wieder an sich zu reißen suchte, wurde er von den Truppen des Schwäbischen Bundes entscheidend geschlagen und nun für viele Jahre aus dem Land vertrieben.

Huttens erste Reaktion auf die Schreckensbotschaft vom Mord an seinem Verwandten war Schock und Trauer. Aus Bad Ems schrieb er, indem er auf die mit seiner Kur verbundenen Strapazen anspielte: *Inzwischen werde ich mich hier weiterquälen und mehr in Tränen als in Wasser schwimmen.*[72] Freilich war er nicht der Mann, es auf die Dauer beim Tränenvergießen bleiben zu lassen. Innerhalb der nächsten vier Jahre tat er alles, was in seiner schriftstellerischen Macht stand, den Mörder seines Verwandten durch seine Schriften moralisch zu vernichten, wobei er mit verschiedenen literarischen Formen experimentierte. Einem kurzen Trauergedicht und einem Trostschreiben an den Vater des Ermordeten[73] folgten im Laufe der Jahre der Dialog *Phalarismus* und fünf lateinische Reden gegen den Herzog.[74]

Diese Texte, die zwischen 1515 und 1519 entstanden, kursierten zunächst handschriftlich und wurden erst nach Beendigung der Fehde gedruckt. Konzipiert sind sie als leidenschaftliche Appelle an die versammelten Fürsten, endlich dem Unrecht ein Ende zu setzen. Als Inbegriff alles Bösen wird der Schwabenherzog in den schwärzesten Farben geschildert: *Er ist kein Fürst, kein Edler mehr, kein Deutscher und kein Christ. Ja, kein Mensch ist er mehr ... denn nach Sitte und Lebensart, nicht nach ihrer Körpergestalt beurteilt man die Menschen. Seine Menschlichkeit hat er abgelegt und dafür Trotz, Wut, Grausamkeit und Unmenschlichkeit angezogen. Vom Menschen hat er nur das Gesicht, aber auch das ist so grimmig und entsetzlich, daß es nicht als menschlich gelten kann. Den Rest hat er mit der wildesten Bestie gemein.*[75]

Wird der Herzog als Ausbund allen Übels verteufelt, so werden die Opfer seiner Tyrannei, Hans von Hutten und Sabine von Bayern aufs Sympathischste gezeichnet: *Nichts ist ausgezeichneter als ihre Gestalt, nichts sanfter als ihre Sitten, nichts angenehmer als ihr Umgang*, sagt er von Sabine.[76]

Daß weder das bis zur Karikatur entstellte Bild des Schwabenherrschers noch das der angeblich unschuldig verfolgten Bajuwarin den Tatsachen entsprechen, hat Hutten auch gelegentlich zugegeben.[77] Darauf kam es ihm auch nicht an. Die Fiktion der sich inhaltlich und stilistisch eng an Cicero anschließenden forensischen Rede verlangte eine einseitige Parteinahme.

Welche Rolle die fingierten und nie gehaltenen Reden bei dem Kampf um die Vertreibung Ulrichs von Württemberg gespielt haben, ist ungewiß. Letztlich wird sich der Herzog mehr von den 30 000 Fußsoldaten und den 4000 Reitern des gegen ihn aufziehenden Heeres des Schwäbischen Bundes beeindruckt haben lassen als von den auf lateinisch geschriebenen und in nur wenigen Abschriften kursierenden Huttenschen Plädoyers. Ihre Bedeutung liegt deshalb auch nicht in der objektiven Wirkung, die diese Reden möglicherweise gehabt haben, als vielmehr in dem subjektiven Zuwachs an persönlicher und politischer Erfahrung für Hutten. Persönlich erhielt er innerhalb seiner Familie eine klare Aufwertung. Aus dem «Niemand» war ein nützliches Familienmitglied geworden, dessen Talente man gern in Anspruch nehmen und sogar finanziell belohnen wollte: der Vater des Ermordeten bot an, einen Teil der Kosten des geplanten Italien-Aufenthalts zu übernehmen.

Politisch begann sich bei Hutten eine Auffassung vom Widerstandsrecht herauszukristallisieren. Anders als Luther, der glaubte, daß man jeder Obrigkeit, ob gerecht oder ungerecht, gehorchen müsse, bestand der Ritter auf dem Recht der Untertanen auf Widerstand gegen eine ungerechte Obrigkeit. Aus diesem Grund wurde er nicht müde, die Schwaben zu Ungehorsam und Rebellion aufzufordern: *Auf, ihr Schwaben, ergreifet die Freiheit, nach der ihr so deutlich verlangt. Gegen uns hat er seine Ungeheuerlichkeit schon gezeigt. Lernt aus unserem Unglück. Sorgt dafür, daß er nicht weitermacht.*[78] Und: *Er, der Mörder, Missetäter, Henker der Guten, Widersacher der Unschuldigen, Feind der Götter und Menschen – werde zerrissen, zerstückelt, zerschmettert, getötet, vernichtet, dem Schwert, dem Kreuz und Strick preisgegeben.*[79]

Wider die Dunkelmänner:
Der Reuchlin-Streit

Die zwei Augen Deutschlands müssen wir mit großem Eifer hochschätzen; denn durch sie hört dieses Land auf barbarisch zu sein[80], schrieb Hutten 1516. Gemeint waren Erasmus von Rotterdam und Johannes Reuchlin. Von Beruf Jurist war Reuchlin doch als Kenner der drei alten Sprachen in ganz Europa hoch angesehen. Zu seinen soliden lateinischen Sprachkenntnissen kam seine Vertrautheit mit dem Griechischen, die einen exilierten Griechen, der ihn Thukydides lesen und übersetzen gehört hatte, ausrufen ließ: «Durch unsere Verbannung ist Griechenland über die Alpen geflogen.»[81] Seine lateinischen und griechischen Leistungen verblassen jedoch neben seinen bahnbrechenden Studien des Hebräischen. Sein Werk «De rudimentis hebraicis» (Grundbegriffe des Hebräischen, 1506), die erste von einem christlichen Forscher verfaßte hebräische Grammatik, ermöglichte das Studium dieser Sprache und damit das philologische Verständnis des Alten Testaments.

Es war die Tragödie seines Lebens, daß ausgerechnet dieser stille Gelehrte im zweiten Jahrzehnt des 16. Jahrhunderts zum Zentrum der erbittertsten vorreformatorischen Auseinandersetzung wurde. Als Judenbücher- oder Pfefferkorn-Reuchlin-Streit ist sie in die Geschichte eingegangen.

In dieser Kontroverse hat sich Ulrich von Hutten, wie es seinem Temperament entsprach, spätestens ab 1514 sehr persönlich zugunsten Reuchlins engagiert. Zwar nahmen fast alle Humanisten daran teil, aber seine Teilnahme war die intensivste, seine Polemik die heftigste und seine Stellungnahme die radikalste. Darüber hinaus schrieb er den zweiten Teil der *Dunkelmännerbriefe*, der literarischen Frucht dieses Streits.

Die Auseinandersetzung begann, als der konvertierte Jude Johann Pfefferkorn in vier Pamphleten, die er zwischen 1507 und 1509 publizierte, seine früheren Glaubensgenossen wegen ihres angeblichen Wuchers und Christenhasses aufs übelste verleumdete. Im Jahre 1509 gelang es ihm sogar, ein Mandat vom Kaiser Maximilian zu erwirken, das ihm gestattete, alle jüdischen Bücher einzuziehen, eine Praxis, der allerdings schnell von dem Erzbischof von Mainz ein Ende gesetzt wurde. Daraufhin zog auch der Kaiser sein voreilig erteiltes Mandat zurück und bestellte

*Johannes Reuchlin.
Holzschnitt,
Hans Holbein d. J.
zugeschrieben*

*Johann Pfefferkorn.
Holzschnitt von
Hieronymus Hopfer*

Homo quasi herba dies eius, sicut
flos agri sic florebit pf. 102

I·PAN·46

Libellus de Judaica confessione siue
sabbato afflictionis.per Joanne pfefferkorn factuu et iudeo chri
stianum nuper editus.

Si queris:qui sim curtus facilisq; libellus:
Dicant.iudeis que sine lustralia sacra
Quoue die culpas/et quo purgamine ponant:
Probo.leges in me gentis phantasmata vana:
Quis nullam poterit sibi spem feasse salutis.
Ve damnes.saluat te sic deus arbiter equi.

Titelblatt einer lateinischen Übersetzung von Pfefferkorns
«Judenbeicht», 1508

eine Reihe von Sachverständigengutachten, um die Angelegenheit wei-
terzustudieren. Von den verschiedenen Universitäten und Gelehrten
stellte sich allein Reuchlin klar und mutig gegen die von Pfefferkorn vor-
geschlagenen Maßnahmen. Verhängnisvoll wurde, daß Reuchlins Gut-
achten einige persönliche Angriffe gegen Pfefferkorn enthielt. Dieser

reagierte mit einem leidenschaftlichen Pamphlet, dem «Handspiegel» (1511), in dem er seinen Gegner der Korruption und des Plagiats bezichtigte, beides Beschuldigungen, die den unbestechlichen Gelehrten tief trafen. Reuchlin antwortete mit dem «Augenspiegel». In seiner Entrüstung ließ er sich nicht nur auf das polemische Niveau seines Opponenten herab, sondern diffamierte auch die Pfefferkorn unterstützenden Kölner Dominikaner und die theologische Fakultät dieser Universität, woraufhin der «Augenspiegel» für ketzerisch erklärt wurde. Reuchlin wurde vor das Ketzergericht in Mainz geladen, wo der Kölner Ketzermeister Jakob von Hochstraten gleichzeitig als Ankläger und Richter fungierte. Nur in letzter Minute konnte der Erzbischof von Mainz eine Verurteilung verhindern. Reuchlin bekam Gelegenheit, an die Kurie zu appellieren, die jedoch die Angelegenheit an den Erzbischof von Speyer zur Rechtsprechung zurückverwies. Das von diesem eingesetzte Gericht sprach den Gelehrten frei.

Das war im März 1514. Hochstraten legte sofort Berufung ein. Einflußreiche Interessengruppen für und gegen den deutschen Humanisten bildeten sich. Aus einer Privatfehde war inzwischen eine Angelegenheit ge-

Der doppelzüngige Reuchlin. Holzschnitt, zeitgenössisches Spottbild

worden, an der Gelehrte und Politiker aus ganz Europa lebhaften Anteil nahmen. Um keine dieser Parteien vor den Kopf zu stoßen, schob die Kurie die Entscheidung diplomatisch von Jahr zu Jahr auf, so daß das endgültige Urteil erst sechs Jahre später, 1520, verkündet wurde. Zu diesem Zeitpunkt war das Interesse an dem Reuchlin-Streit aber längst erlahmt, nicht nur wegen der Dauer des Prozesses, sondern auch wegen der lutherischen Herausforderung an Rom, die die Gemüter jetzt viel stärker bewegte als die Frage nach dem ketzerischen Charakter des «Augenspiegels». Der Papst, der von allen Seiten gedrängt wurde, und im Glauben war, daß Milde und Nachsicht im Reuchlinschen Streit für die lutherische Rebellion mitverantwortlich seien, erklärte das inkriminierte Buch für anstößig und befahl dessen Vernichtung. Reuchlin selbst wurden die gesamten Prozeßkosten aufgebürdet. Zwei Jahre nach diesem Urteil starb der siebenundsechzigjährige Gelehrte verbittert in seiner schwäbischen Heimat.

Sechs Jahre vor diesem Urteil, im Jahre 1514, hatte Reuchlin unter dem Titel «Clarorum virorum epistolae» (Briefe berühmter Männer) eine Sammlung von Briefen veröffentlicht, die ihm Gelehrte aus ganz Europa im Laufe der Jahre zugeschickt hatten. Die meisten dieser Schreiben hatten nichts mit seinem Streit mit den Kölner Dominikanern zu tun, und einige der Korrespondenten waren schon seit Jahren tot. Ziel dieser Anthologie war auch nicht, die Zustimmung der Mitgelehrten in diesem spezifischen Fall zu demonstrieren, sondern generell das hohe Ansehen zu zeigen, das Reuchlin bei bekannten Männern wie zum Beispiel Pico della Mirandola, Konrad Peutinger, Beatus Rhenanus, Willibald Pirckheimer, Joachim Vadianus und Mutianus Rufus genoß oder genossen hatte. Obwohl solche gegenseitigen Zeugnissammlungen von Humanisten oft verfaßt wurden, wäre das Buch heute mit Recht vergessen, hätte es nicht den Anstoß zu den bekannten *Epistolae obscurorum virorum* (*Dunkelmännerbriefen*) gegeben.

Die *Dunkelmännerbriefe* erschienen im Herbst 1515 ohne die sonst übliche Herausgeberangabe und ohne Vorwort und Widmung. Als Drucker wurde Aldus Manutius, als Publikationsjahr «das obenerwähnte Jahr» genannt. Da aber vorher kein Jahr angegeben worden war, und der venezianische Drucker Aldus Manutius hieß, dürften aufmerksamere Leser schon gemerkt haben, daß man ein Versteckspiel mit ihnen trieb. Sieben Monate später erschien eine um sieben Briefe und einen Anhang erweiterte Auflage; im Frühjahr 1517 schließlich die maßgeblich von Hutten verfaßte, 62 neue Briefe enthaltende zweite Ausgabe.

Die *Dunkelmännerbriefe* sind fingierte, angeblich von scholastischen Gelehrten und Mönchen geschriebene Briefe. Diese Männer sind alle leidenschaftliche Parteigänger Pfefferkorns und der Kölner Theologen. Im Gegensatz zu den berühmten (clari) Männern der Reuchlinschen Briefsammlung handelt es sich hier aber um unbekannte, dunkle (obscuri)

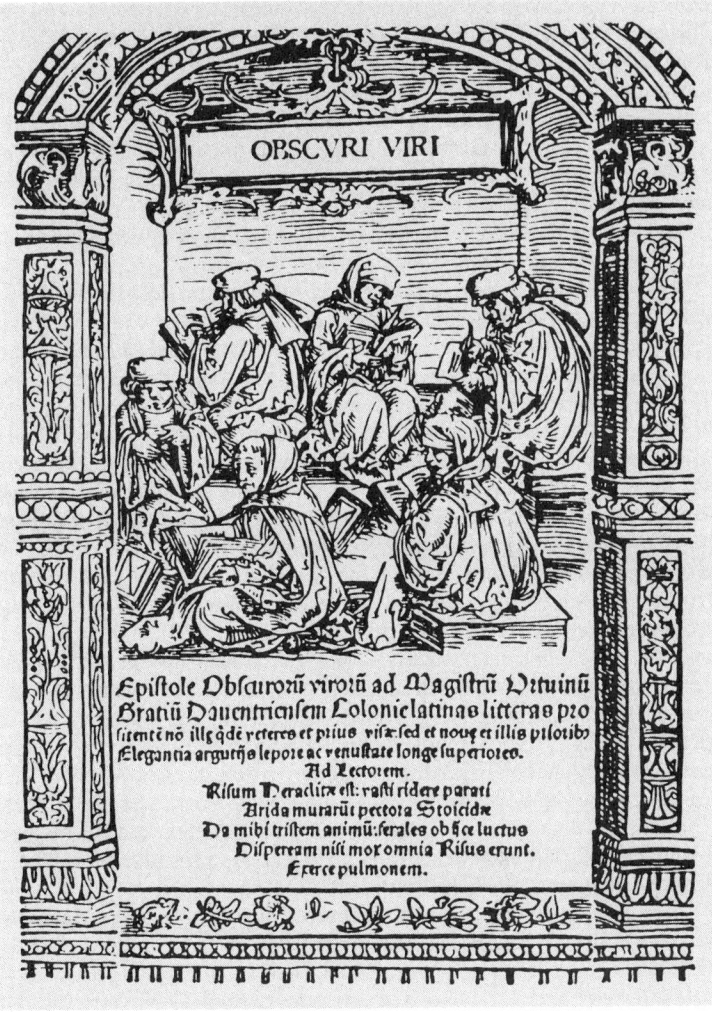

Titelblatt der Erstausgabe vom zweiten Teil der «Dunkelmännerbriefe»

Schreiber, die die Feinde Reuchlins repräsentieren sollen. Diese Technik stellt einen brillanten Kunstgriff dar, indem sich die Dunkelmänner in ihrer Dummheit, hanebüchenen Ignoranz und bequemen Selbstgefälligkeit selbst entlarven. Begeht ein Gläubiger zum Beispiel eine Todsünde oder nur eine lässige Sünde, *wenn er am Freitag ... oder sonst wenn ein Fastentag ist, ein Ei ißt, in dem schon ein Junges ist?*[82]. Oder soll man Reuchlins «Augenspiegel» *an den Galgen hängen, denn dieses Buch ist ein ketzerisches und die Ketzer verdienen die Strafe des Feuers: die Ketzer werden verbrannt, die Diebe gehängt. Man sagt vielleicht der «Augenspiegel» habe auch einen Diebstahl begangen, da Johannes Pfefferkorn behauptet, Johannes Reuchlin habe ihm in diesem Buche seine Ehre gestohlen.*[83] Diese und ähnliche Fragen werden mittels streng scholastischer Methoden und reichlichen Zitaten aus Aristoteles, Thomas von Aquin und der Bibel diskutiert.

Von der Kirche als notorische Lügner geächtet und deshalb den Dunkelmännern unbekannt sind dagegen die Autoren der römischen und griechischen Antike und deren moderne Verfechter, die Humanisten. So kennt der Finsterling Anton nicht einmal den Namen des Erasmus, der 1515 auf der Höhe seines gesamteuropäischen Ruhms war. Als er ihm zufällig in Straßburg vorgestellt wird, versucht er dessen vielgerühmte philologische Geistesschärfe mit der Behauptung herauszufordern, Caesar habe gar nicht die Kommentarien geschrieben: *Keiner, der mit den Waffen und anhaltenden Arbeiten beschäftigt ist, kann Lateinisch lernen. So aber verhält es sich mit Caesar; er war immer im Krieg und machte die anstrengendsten Arbeiten. Folglich konnte er kein Gelehrter sein oder Lateinisch lernen. In Tat glaube ich also nicht anders, als daß Sueton jene Commentaria geschrieben hat, weil mir noch nie einer zu Gesicht gekommen ist, der einen Caesar mehr gleichenden Stil hätte als Sueton.*[84] Deutlicher läßt sich die Selbstentlarvungstechnik dieser indirekten Satire nicht demonstrieren. Erstens verrät Antons Unkenntnis des Erasmus, daß er den Anschluß an die zeitgenössischen Strömungen verpaßt hat. Zweitens zeigt seine gedankenlose Anwendung der syllogistischen Methode, zu welchen absurden Zwecken diese Technik mißbraucht werden konnte. Und drittens demonstriert sein Unverständnis der deutlichen stilistischen Unterschiede zwischen zwei bekannten lateinischen Autoren seine linguistische Unbildung.

Vertraut sind die Dunkelmänner dagegen mit der «Ars amatoria» (Liebeskunst) des Ovid, dessen Ratschläge sie trotz Keuschheitsgebot lebenslustig in die Praxis umsetzen. Liebe, besser wohl Sex, bildet ein unerschöpfliches Thema in dieser Korrespondenz. Auch Ortvin Gratius, der von allen Schreibern verehrte Kölner Adressat sämtlicher Briefe, hat wie die meisten seiner Verehrer ein sehr lockeres Verhältnis zum Zölibat entwickelt. Häufig wird auf sexuelle Beziehungen zwischen ihm und Frau Pfefferkorn angespielt. Als ihn Herr Pfefferkorn einmal mit den Worten *Herr Ortvinus, ich wollte, Ihr äßet aus Eurer Schüssel und ließet mich aus meiner essen*, anspricht, stellt er sich taub.[85]

Auch durch ihre Sprache entlarven sich die Dunkelmänner. Natürlich sind diese Briefe auf lateinisch geschrieben, der internationalen Wissenschafts- und Kirchensprache der Zeit. Es ist jedoch ein Latein, das weit von dem gepflegten Idiom der Humanisten, das an Cicero und Livius orientiert ist, entfernt ist. Als Hutten die Technik der *Dunkelmänner-briefe* auf die prägnante Formel brachte *barbarisch werden die Barbaren verlacht* (*barbare ridentur barbari*)[86], meinte er auch die Sprache; denn ihr Latein beruht weitgehend auf deutscher Syntax und sogar bis zu einem gewissen Grad auf deutschem Wortschatz. Sie denken deutsch und übertragen diese Gedanken recht und schlecht in die fremde Sprache. Selbst die Namen der Briefschreiber sind oft direkte Übersetzungen deutscher Namen: *Plumilegius* (Federleser), *Caprimulgius* (Ziegenmelker), *Pellifex* (Pelzmacher), *Mellilambius* (Honiglecker) und *Lignipercussor* (Holzhakker) oder deutsche Namen mit lateinischen Endungen wie *Straussfederius*, *Mistladerius* und *Bundschumacherius*. Mit der gleichen neologistischen Unschuld bilden sie neue lateinische Wörter durch Anführung lateinischer Endungen. Dieser bescheidenen Wortschöpfungslust verdanken zum Beispiel Begriffe wie *zechare, landsmannus, kaufmannus* und *landsknechtus* ihre Entstehung. Die Grammatik ist vereinfacht. Statt der komplizierten Syntax des klassischen Latein mit seiner Vorliebe für verschachtelte, aus Neben- und Hauptsätzen bestehende Gefüge, bevorzugen die Dunkelmänner die einfache parataktische Aneinanderreihung von kurzen Hauptsätzen.

Da die Satire anonym erschien, wurden der Spekulation über die Identität des Verfassers oder der Verfasser Tür und Tor geöffnet. Unter den Zeitgenossen nannte man Erasmus, Reuchlin und Hutten am häufigsten. Da die beiden ersteren weniger energisch als Hutten dementierten, hielt man jahrhundertelang den temperamentvollen Ritter für den alleinigen Verfasser dieses Werks. Inzwischen ist es durch Forscherfleiß und -scharfsinn gelungen, Licht in die verworrene Verfasserfrage zu bringen. Danach stammte der Einfall zu diesem Werk, die Gesamtkonzeption und ein Großteil der Briefe des ersten Teils von Crotus Rubeanus, während Hutten für die überwältigende Mehrheit der Briefe des zweiten sowie den Anhang des ersten Teils verantwortlich war. Einzelne Briefe mögen auch die Humanisten Hermann von dem Busche und Jakob Fuchs beigetragen haben.

Die beiden Hauptverfasser, Crotus Rubeanus und Hutten, kannten sich seit ihrer Studienzeit in Köln und Erfurt, wo Crotus, anders als sein adeliger Freund, bis 1509 geblieben war, bis ihn die sozialen Unruhen dieses Jahres vertrieben. Als Leiter der Klosterschule in Fulda hatte er in den nächsten sieben Jahren Gelegenheit, die Mönche in all ihrer behaglichen Selbstzufriedenheit und Ungebildetheit zu beobachten. Obwohl er sie privat einmal «idiotische Opferpriester» und «fast Analphabeten» (*sacrificuli idiotae et paene analphabetae*) nannte, ist seine Satire nicht bösartig, sondern eher gutmütig.

Ulrich von Huttens Spott dagegen ist beißender, seine Satire schärfer.

Gleichzeitig rückt bei ihm der Reuchlin-Streit, der zwar den ursprünglichen Anstoß zu den *Dunkelmännerbriefen* gegeben hatte, aber im ersten Teil keineswegs das beherrschende Thema gewesen war, in den Mittelpunkt. Der Prozeß um Reuchlins «Augenspiegel» war, wie wir sahen, nach Hochstratens Appellation nach Rom überwiesen worden. Welch bessere Gelegenheit bot sich da, auch die Briefe als von diesem Prozeßort ausgehend auszugeben. Da Hutten sich vom Februar 1516 bis 1517 in Rom aufhielt, konnte er seine satirischen Beiträge mit starkem Lokalkolorit und persönlichen Erfahrungen anreichern. So beklagen sich die Briefschreiber zum Beispiel über die große Hitze des Sommers 1516[87] oder berichten über den päpstlichen Elephanten, dem man nur durch die Applikation eines sündhaft teuren Abführmittels wieder auf die Beine helfen konnte.[88] Rom war darüber hinaus der ideale Horchposten, um der Hochstraten-Lobby zuzuschauen, die nichts unversucht ließ, einen für sie günstigen Prozeßausgang zu erreichen. Von dem Ketzermeister Hochstraten wird berichtet: *Neulich hat er ein Gastmahl gegeben und viele alte und erfahrene Personen von der Kurie und auch einen päpstlichen Schreiber, der gern beim Heiligen Vater gesehen ist, sowie einige Beisitzer der Rota, eingeladen. Er ließ für sie Rebhühner, Fasanen, Hasen, frische Fische und den besten korsischen und griechischen Wein auffahren, sodaß alle sagten, er habe sie mit der größten Achtung behandelt und auch meinten: «Bei Gott, das ist ein Theologe von Ansehen; für ihn wollen wir Partei ergreifen.»*[89]

Für Hutten, den großen Vereinfacher, waren die Fronten klar gezogen. In dem einen Lager befanden sich die ungebildeten und korrumpierten Mönche und die sich in absurden Subtilitäten ergehenden scholastischen Theologen; in dem anderen waren die Poeten, die Humanisten, zu deren Integrationsfigur Johannes Reuchlin geworden war. Das Wort Reuchlinist wurde in diesen Jahren zur Ehrenbezeichnung. Die Traditionalisten bekämpften die Neuerer; dem Mief von, wenn auch nicht tausend, so doch dreihundert Jahren wehte der frische Wind der Humanisten entgegen. Gerade weil diese Briefe aus der vermeintlichen Optik der Konservativen geschrieben sind, werfen sie ein bezeichnendes Schlaglicht auf diese Auseinandersetzung. Häufig klagen die Dunkelmänner, daß die Humanisten den scholastischen Professoren Studenten abwarben und damit, da alle Professoren von Hörergeldern abhingen, ihre berufliche Existenz bedrohen. Verständlich ist deshalb der Stoßseufzer des Magisters Conrad Unckebunk: *Ich glaube, der Teufel steckt in diesen Poeten. Sie richten alle Universitäten zugrunde... Daher müssen wir Gott bitten, daß alle Poeten sterben.*[90]

Wie sehr die Humanisten inzwischen den traditionellen Wissenschaftsbetrieb verachteten, zeigt die selbstbewußt-freche Rede eines jungen Studenten, der gewagt hatte, seinen Lehrer zu duzen, worauf dieser mit Konsequenzen bei seiner bevorstehenden Promotion drohte. Da bricht es aus dem jungen Scholaren heraus: *Ich scheiße* [merdarem] *auf eure Bakkalau-reate und werde nach Italien gehen, wo die Lehrer ihre Studenten nicht so betrügen und so albernes Zeug machen, wenn sie jemanden zum Bakka-laureus promovieren. Wenn einer dort gelehrt ist, wird ihm Ehre erwiesen; wenn er aber unwissend ist, wird er wie ein Esel betrachtet... Ich habe von einem Freunde gehört, der während seines Aufenthaltes in Bologna sah, daß alle in Deutschland promovierten Magister dort wie Grünschnäbel be-handelt wurden; denn in Italien gelte es als eine Schande, wenn einer in Deutschland zum Magister oder Bakkalaureus promoviert worden sei.*[91]

Nach Huttens Darstellung ist das gesamte Universitätsgefüge ins Wan-ken geraten. In den Augen der Scholastiker stimmt die Welt nicht mehr, Umsturz liegt in der Luft: *Denn die jungen Leute wollen sich den Alten gleichstellen, und die Studenten den Magistern und die Juristen den Theo-logen. Es herrscht große Verwirrung, und es tauchen viele Ketzer und fal-sche Christen auf: Johannes Reuchlin, Erasmus von Rotterdam, irgendein Willibald* [gemeint ist Pirckheimer], *Ulrich von Hutten, Hermann von dem Busche, Jakob Wimpfeling und Sebastian Brant.*[92]

Die Stärke der humanistischen Bewegung zeigt auch die denkwürdige Reise des Philipp Schlauraff, der im Auftrag der Kölner Theologen an deutschen Universitäten die Werbetrommel gegen Reuchlin rühren soll. Diese Versuche enden allerdings immer mit der verbalen oder physischen Mißhandlung des unseligen Botschafters. Vom üblen Poetenpack (*isti poetae*), das sich an den Hochschulen breitgemacht hat, wird er be-schimpft, geohrfeigt, verprügelt und mit Ruten davongejagt, so daß er unverrichteterdinge von dieser Reise zurückkehrt. Wie das letzte Gedicht der Lötz-Klagen, in dem Hutten einen Überblick über die Anhänger der neuen Bildungsrichtung gegeben hatte, so enthält auch dieses zweite, sie-ben Jahre später verfaßte Gedicht eine Musterung der humanistischen Kräfte in Deutschland. Ging es aber damals um Huttens persönliches Schicksal, so wird hier die Auseinandersetzung als ein die Zukunft der deutschen Kultur angehender Kampf inszeniert.

Die Humanisten begrüßten verständlicherweise die *Dunkelmänner-briefe*. Erasmus soll bei der Lektüre des ersten Bandes so gelacht haben, daß ein ärgerlicher Abszeß in seinem Gesicht aufgeplatzt sei. Später fand er allerdings «die Sprache zu verletzend» und «die persönlichen Angriffe unvertretbar».[94] Er war eben, wie Hutten meinte, *sein eigener Mann* (*homo pro se*)[95].

Tausende anderer Leser waren aber begeistert. Neue Auflagen wurden nötig. Papst Leo X. trug durch mehrere Maßnahmen indirekt zum Be-kanntheitsgrad des Buchs bei: die Satire wurde durch päpstliche Bulle verboten, der Klerus zu ihrer Denunzierung, wenn nötig in der Mutter-sprache, und die Gläubigen zur Abgabe der in ihrem Besitz befindlichen Exemplare aufgefordert.

Kurz vor Erscheinen des zweiten Bandes der *Dunkelmännerbriefe* hatte Hutten an Reuchlin geschrieben: *In Kürze wirst Du sehen, wie das kägliche Schauspiel der Feinde von einem lachenden Publikum ausgezischt werden wird.*[96] Genau das war den Autoren der Satire gelungen. Indem ihre Gegner der Lächerlichkeit preisgegeben worden waren, hatten die Humanisten in Deutschland an Boden gewonnen.

Und Ulrich von Hutten hatte nicht allein, aber am lautesten «gezischt».

Zweiter Aufenthalt in Italien (1515–17)

Im Oktober 1515 brach Hutten endlich zu seiner zweiten Italien-Reise auf, um Jura zu studieren, also sich *in den juristischen Kerker* zu begeben, in den ihn *die lästige Freigebigkeit* seiner Verwandten zwang.[97] Knapp zwei Jahre später, im Juli 1517, unmittelbar nach seiner Rückkehr nach Deutschland, schrieb er an Erasmus: *Wenn Dir die Geschichte meiner Abenteuer, die mir, seitdem ich von Dir getrennt bin, zugestoßen ist, der Reihe nach erzählen wollte, ein ganzer Tag würde dafür nicht ausreichen: so viel bin ich überall hin- und hergetrieben worden.*[98]

Nach einer beschwerlichen Reise über Augsburg, Innsbruck, den winterlich verschneiten Brenner, Mantua und Florenz kam Hutten zur Fastenzeit 1516 in Rom an, wo er sich fleißig, aber ohne Begeisterung dem Rechtsstudium widmete und mit Hilfe der erasmischen Empfehlungsschreiben Kontakte zu italienischen Humanisten knüpfte. Als in der unerträglichen Hitze des Sommers Huttens Krankheit wieder aufflammte, suchte er Linderung in den Schwefelquellen bei Viterbo. Dort geriet er

Rom. Holzschnitt aus der «Schedelschen Weltchronik», 1493

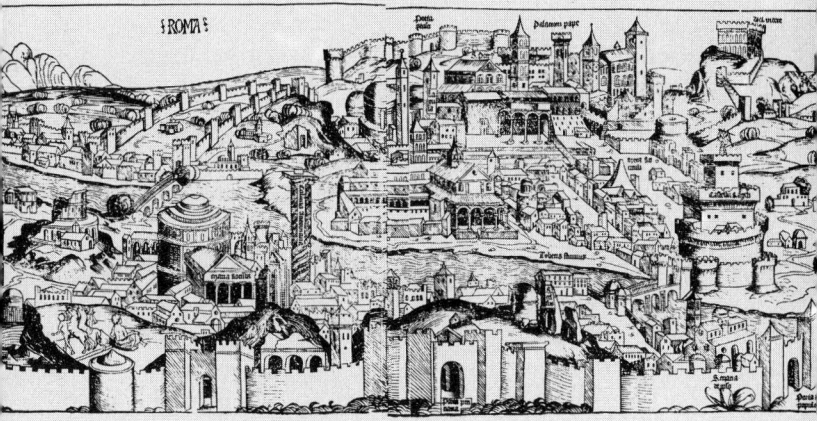

Hutten im Kampf mit französischen Edelleuten. Gemälde von Wilhelm von Linden-schmit, 1869

mit fünf Franzosen in einen Handel, der in der späteren Hutten-Literatur
eine wichtige Rolle gespielt hat. In einem Brief aus dieser Zeit heißt es
knapp und sachlich: *Unlängst bin ich von fünf Franzosen stark mißhan-
delt, dann mit Gewalttätigkeit und Waffen angegriffen worden, weil ich
nicht die gegen den Ruf des Kaisers gerichteten Schmähungen hingenom-
men habe; mit Gottes Hilfe habe ich mich verteidigt. Von den Franzosen
fiel der hitzköpfigste; ich selbst erlitt eine Wunde auf der linken Backe.
Sonst ist mir nichts passiert.*[99] Es ist möglich, daß sich dieser Streit so abge-
spielt hat; es ist aber auch möglich, daß es sich dabei nur um einen «lands-
knechtmäßigen Wirtshaushandel»[100] gehandelt hat und daß Hutten in
dem Bedürfnis, seinen privaten Fehden einen Sinn zu geben, auch diese
Tätlichkeit in einen größeren politischen Kontext zu stellen versuchte.

Jedenfalls hat Hutten stets an dieser Version festgehalten, außer in seinem Bericht an den kosmopolitischen Erasmus, von dem er kaum Verständnis für die deutsch-französische Animosität erwarten konnte. In diesem Falle ließ er die politische Motivierung weg.

Nichts spricht aber dagegen, den Anlaß zu dem Streit tatsächlich in der gerade damals wieder stark aufbrechenden Rivalität zwischen Deutschen und Franzosen zu sehen. Im September 1515 war es dem jungen französischen König Franz I. in der Schlacht von Marignano gelungen, mailändisches Gebiet zurückzuerobern. Kaiser Maximilians Versuch im Frühjahr 1516, ihn daraus zu verdrängen, war kläglich gescheitert. Wie so oft, mußte er Oberitalien unverrichteterdinge verlassen. Die Franzosen jubelten und spotteten. *Maßlos ist fast in ganz Italien die Arroganz der Franzosen; gebe Gott, daß wir nie vergessen, daß wir Deutsche sind*, klagte Hutten.[101] Er selbst vergaß es offenbar nicht und fühlte auch kein Mitleid mit dem Franzosen, den er erstochen hatte. Mit eisiger Kühle schrieb er ein Epigramm über den gefallenen Feind: *Geh' hin und stirb und bring mit dir zugleich die Nachricht zum Styx, einen gebe es, der leugnet, daß die Franzosen Götter sind.*[102]

Eine merkwürdige Koalition aus Gegnern und Freunden Huttens hat dafür gesorgt, daß der Vorfall nicht vergessen wurde. Während seine Feinde darin einen weiteren Beweis für das unbeherrschte Temperament des streitbaren Ritters sahen, feierten seine humanistischen Freunde ihn als Helden, der endlich einmal Deutschlands Ehre gegenüber den anmaßenden Franzosen verteidigt habe. Im frankophoben 19. Jahrhundert wurde der Zwischenfall ein beliebtes Thema in großen, historisierenden Darstellungen.

Da er wegen dieses Vorfalls nicht länger in Rom bleiben konnte, begab er sich zum weiteren Studium nach Bologna, einer der ältesten und gerade von deutschen Studenten stark besuchten Universität. Dort kam er allerdings vom Regen in die Traufe, oder humanistisch ausgedrückt *von der Scylla zur Charybdis*[103]. Zwischen der deutschen und lombardischen Landsmannschaft war ein Streit ausgebrochen. Es kam zu Krawallen, bei denen die Studenten auch mit «Donnerbüchsen» (bombardis)[104] kämpften. Bei den anschließenden Untersuchungen wurde Hutten von seinen deutschen Kommilitonen beauftragt, vor dem Statthalter deren Angelegenheit zu vertreten. Obwohl er angesichts *des empfangenen Unrechts und der Ungerechtigkeit der Verhörenden* eine diplomatische Rede gehalten zu haben meinte[105], beleidigte er den Statthalter derartig, daß er bald darauf auch diese Stadt verlassen mußte. Über Ferrara ging er nach Venedig, wo er zwei Vettern, die im Begriff waren, zu einer Pilgerfahrt ins Heilige Land aufzubrechen, verabschiedete. In der Lagunenstadt wurde er, nicht zuletzt weil er sich als Freund des Erasmus einführen konnte, mit südländischer Gastfreundschaft empfangen und mit wertvollen Büchergeschenken überschüttet. Da seine Epigramme gegen die Venezianer noch ungedruckt waren, konnten sie das übernationale humanistische Solidaritätsgefühl nicht trüben.

Im Juni 1517 verließ Hutten Italien. Am 8. Juli war er bereits in Augsburg.

Soweit die äußeren Umstände. Überblickt man die anderthalb Jahre seines zweiten Italien-Aufenthalts, so ist man von der ungeheuren Arbeitskraft beeindruckt, mit der er sich trotz seiner angegriffenen Gesundheit, trotz der für die Studentenzeit üblichen Ablenkungen und trotz des juristischen Studiums selbst in die literarische Arbeit stürzte.

Im einzelnen sind neben den etwa fünfzig Briefen des zweiten Teils der *Dunkelmännerbriefe* und zwei weiteren umfangreichen Reden gegen Ulrich von Württemberg drei längere Gedichte zum Thema Venedig und Italien sowie ein Dialog mit dem Titel *Phalarismus* entstanden. Daß sein zweiter Aufenthalt im italienischen Krisengebiet Hutten zur nochmaligen Beschäftigung mit Maximilians Hauptfeind, den Venezianern, angeregt hat, überrascht nicht. Reflektiert wird dieses anhaltende Interesse in zwei lateinischen Gedichten, dem allegorisch-parodistischen *De piscatura Venetorum* (*Der Fischzug der Venezianer*)[106], in dem die Bewohner Venedigs nicht nur als Fänger von Fischen, sondern auch von ganzen Inseln und Ländern dargestellt werden, und in der ebenfalls parodistischen Darstellung *Marcus*, in der der König Pauseback, der unbestrittene Herrscher der venezianischen Frösche, als Löwe verkleidet sich von den Einwohnern Venedigs verehren läßt.[107] Huttens Traum von dem bis nach Italien sich ausdehnenden Heiligen Römischen Reich klingt noch einmal in der poetischen Epistel an, in der eine allegorische Dame Italia sich für die Hand des Kaisers freihält, obwohl sie von Venedig und Frankreich umworben wird.[108]

Literarisches Neuland betrat Hutten jedoch erst mit dem Werk *Phalarismus*[109], in dem er sich zum erstenmal jener Dialogform bediente, die er dann einige Jahre später zur bedeutendsten und wirksamsten Waffe in seiner politisch-reformatorischen Agitation entwickeln sollte. Kernstück dieses Dialogs ist eine fingierte Begegnung in der Unterwelt zwischen Phalaris von Agrigent, dem berüchtigtsten Tyrannen der Antike und dem namenlos bleibenden Despoten aus dem Schwabenland, der sich durch die Ermordung eines fränkischen Jünglings als sein moderner Nachfolger erwiesen hat. Einem derart gelehrigen Schüler braucht Phalaris nur einige wenige allgemeine Ratschläge zu geben: *Weiters weiß ich dich nichts zu unterweisen denn allein, daß dir sehr fürträglich* [vorteilhaft] *sein würde, Deutschland in Zwietracht zu bringen und an allen Orten Gezänk anzurichten. Darnach die Deinen mit Schindereien, Martern, Foltern, Henken, Radbrechen* [Rädern]*, Vierteilen und andere Weise töten, zu plagen, allen frommen und redlichen Leuten nachzustellen, nimmer friedsam, nachlässig* [nachgiebig] *oder ruhig, dem Kaiser, womit du kannst oder magst, verdrießlich zu sein.*[110]

Wie sich in den *Dunkelmännerbriefen* die braven Scholastiker selbst entlarvt haben, so entblößt sich Ulrich von Württemberg – um den handelt es sich hier – auch selbst, aber jetzt geschieht es mit ätzender Schärfe. Keine erfundenen Charaktere werden hier verhöhnt, sondern ein lebender, zur Abfassungszeit des Dialogs noch regierender deutscher Fürst.

Poeta Laureatus. Syphilis

Ulrich von Hutten kehrte zwar ohne den von seinen Eltern und Verwandten gewünschten akademischen Grad aus Italien zurück, ein Niemand war er trotzdem nicht mehr: seine lateinischen literarischen Arbeiten hatten ihn unter den Humanisten bekannt gemacht, in Italien war er ehrenvoll aufgenommen worden, und auch in Deutschland genoß er jetzt die Freundschaft so angesehener Männer wie Johannes Reuchlin, Erasmus von Rotterdam, Willibald Pirckheimer und dem Augsburger Patrizier und Gelehrten Konrad Peutinger. Dieser hatte lange Jahre seiner Vaterstadt als Stadtschreiber gedient. Mit Kaiser Maximilian, der ihn gelegentlich mit diplomatischen Missionen beauftragte, verbanden ihn antiquarisch-historische, mit Hutten literarisch-humanistische Interessen. Seinem Einfluß ist es zu verdanken, daß Hutten am 12. Juli 1517 von Maximilian zum Dichter gekrönt wurde.

Als Symbol für das Wiederaufblühen der klassischen Literatur hatte vor fast 180 Jahren, 1341, Francesco Petrarca, der große italienische Dichter und Humanist, von einem Vertreter des damaligen Kaisers Karl IV. diese Ehrung empfangen. Die Deutschen mußten sich noch bis 1487 gedulden, bis einer der ihren, der Dichter und rührige Organisator humanistischer Interessengemeinschaften Conrad Celtis, vom Kaiser Friedrich III. mit dem Poetenlorbeer ausgezeichnet wurde. Obwohl diese Ehrung zu diesem Zeitpunkt schon viel von ihrem früheren Glanz eingebüßt hatte, war Celtis ungemein stolz auf den Titel «Poeta Laureatus». Er ließ sich stets mit dem Lorbeerkranz abbilden und benutzte sogar gelegentlich für den Privatgebrauch eine Zeitrechnung, die mit dem Datum der kaiserlichen Würdigung begann.

Obwohl die Dichterkrönung zu Huttens Zeit noch mehr an Seltenheitswert eingebüßt hatte, kam sie ihm nicht ungelegen, verlieh sie ihm doch nicht nur mit einem Schlag das Recht, an deutschen Hochschulen Dicht- und Redekunst zu lehren, sondern stellte ihn auch unter den persönlichen Schutz des Kaisers – eine Sicherung, die dem freimütigen Humanisten, der kein Blatt vor den Mund zu nehmen gewohnt war, später nützlich werden konnte. «Die letzte literaturhistorisch bemerkenswerte Dichterkrönung» [111] hat man das Ereignis genannt, da die Ehrung in den folgenden drei Jahrhunderten noch großzügiger verliehen wurde, so daß eine

Konrad Peutinger. Gemälde von Christoph Amberger, 1543

lange Reihe mittelmäßiger Reimeschmiede in den Genuß des kaiserlichen Lorbeers kamen.

Maximilians Auszeichnung brachte Hutten zwar Anerkennung und gewisse Privilegien, eine finanzielle Honorierung war aber damit nicht verbunden. Auch damals glaubte man, daß des Dichters Lohn, die Unsterblichkeit, eine ausreichende Vergütung sei. An einer akademischen Karriere, die ihm jetzt theoretisch offenstand, lag ihm nichts; zu gut kannte er den damaligen deutschen Wissenschaftsbetrieb. Er akzeptierte deshalb die Ernennung zum Rat an den Mainzer Hof des Erzbischofs Albrechts von Brandenburg.

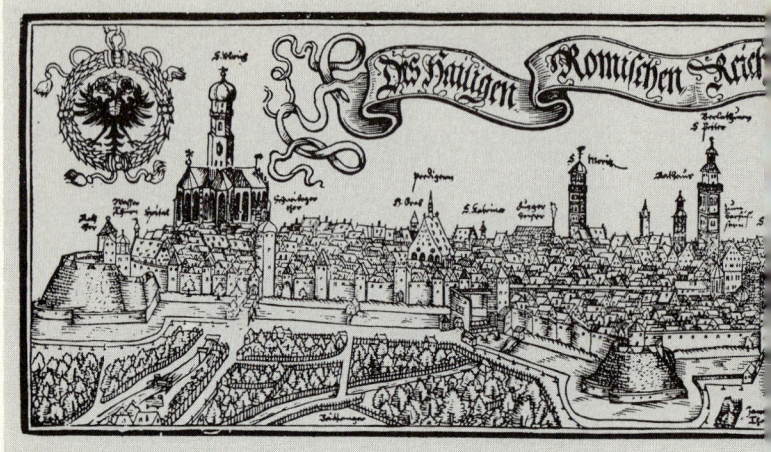

Augsburg. Holzschnitt von Hans Rogel, 1563

Leicht wird es Hutten an diesem Hof nicht gehabt haben: wo Verstellung und Diplomatie gefragt waren, mußte er mit seiner unbequemen Wahrheitsliebe und seinem lästigen Freimut häufig anecken; paßte er sich zu sehr an, mußte er sein innerstes Wesen verleugnen. Etwa acht Monate nach seinem Amtsantritt faßte er sein Urteil über seine Mainzer Erfahrungen in einem Brief an Konrad Peutinger zusammen: *Und Du fragst vielleicht, wie das Hofleben mir bekommt. Noch nicht zum besten. Freilich, was ließe sich nicht ertragen unter einem wahrhaft fürstlichen Herrn, dem Erzbischof, der so menschlich, so freigebig, so großzügig ist, so aufgeschlossen gegenüber der Literatur und allen Literaten? In anderer Hinsicht bin ich jener Dinge satt: des Dünkels der Hofleute, der glänzenden Versprechungen, der ellenlangen Begrüßungszeremonien, der Unterhaltungen hinter vorgehaltener Hand und überhaupt des leeren Dunstes.*[112]

Aus dieser Stimmung entstand der Dialog *Misaulus* (*Der Hofhasser*), ein Gespräch zwischen einem gewissen Castus, der sich von dem interessanten Hofleben eine Bereicherung seiner Lebenserfahrung erhofft, und Misaulus, dem erfahrenen, aber desillusionierten Höfling, der plastisch die Schattenseiten eines derartigen Lebens schildert und dabei auch ein grelles Bild von den mangelhaften hygienischen Verhältnissen an einem deutschen Hof entwirft. Er schildert das halbverfaulte Fleisch, die überall herumkriechenden Fliegen und Würmer, das ungewaschene Geschirr und die unsauberen Betten, in denen eben noch Syphiliskranke gelegen haben.

In diesem Dialog dramatisierte Hutten gewissermaßen zwei Stadien seiner eigenen Entwicklung: den hoffnungsvollen Jüngling, der sich nach

den Entbehrungen und Anstrengungen des Studiums und Reisens ein er-
lebnis- und ertragreiches Hofleben erhofft, und den enttäuschten Hutten,
der inzwischen die Mängel eines solchen Lebens erfahren hat.

Ulrich von Hutten schickte das Werk im September 1518 an seinen
Nürnberger Freund Pirckheimer. Dieser bezeichnete es mit leiser Ironie
als hübsch, aber unreif, und riet seinem ritterlichen Freund im übrigen,
seine Talente nicht an einem Hof zu verschwenden, sondern statt dessen
«für sich, seine Freunde und die literarischen Studien zu leben» [113].

Es ist dieser letzte Satz, der Huttens ausführlichen Brief vom 25. Oktober an den Nürnberger Patrizier auslöste.[114] Im Grunde handelt es sich
dabei um eine sehr persönliche Abhandlung, in der Hutten über sein bis-
heriges Leben Bilanz zieht und darzustellen versucht, wie er sich selbst
sieht und wie er von der Umwelt gesehen werden möchte.

Man hat versucht, die Grundproblematik dieser Lebensskizze auf den
Gegensatz zwischen einer von ihm verteidigten «vita activa» und einer
von Pirckheimer geforderten «vita contemplativa» zu reduzieren. Wenn
es auch letzten Endes darauf hinauslaufen mag, so entwickelt Hutten
doch seine Gedanken ganz konkret, bezogen auf sein Temperament, sein
Alter und seine soziale Herkunft. Nicht um abstrakte philosophische
Erörterungen, sondern um persönliche Überlegungen geht es. Das macht
den Reiz des Werkes aus.

Willibald Pirckheimers Aufforderung, seine Zeit nicht unproduktiv
am Hof zu vergeuden, sondern sich ganz den literarischen Studien zu widmen, entgegnet er: *Wenn Du mich so rasch in den Schatten und zu jenem*

Huttens Dichterkrönung. Gemälde von Friedrich Wilhelm Heinrich Martersteig, 1860

seßhaften Studium rufst, so weiß ich nicht, ob Du meiner Natur Rechnung trägst, oder mein Alter berücksichtigst, das jene Ruhe noch nicht ertragen kann. Oder sollte ich mich bei meiner Jugend in vier Wänden bergen und, bevor ich die Stürme und Unruhen der Welt erfahren habe, mich in jene Abgeschiedenheit und Stille zurückziehen?[115] Pirckheimers möglichen Einwand, er habe doch während seines zwölfjährigen Wanderlebens genug erlebt, entkräftet er mit dem Argument, daß das nur *das Vorspiel des Lebens, eine Vorübung des Schauspiels*[116] gewesen sei. Er brauche mehr Erfahrung, denn *welche Geschichten soll ich dann erzählen, über welche Dinge reden, wenn ich gar nichts erfahren habe?*[117]. *Laßt die Glut sich abkühlen*, fährt er fort, *meinen unruhigen und beweglichen Geist etwas ermüden, bevor er jene Ruhe verdient, zu der Du mich, wie es scheint vor der Zeit, mahnst.*[118] Und dann kommt Hutten auf den Kern seines Wesens zu sprechen: *Du kennst auch meine Natur nicht, wenn Du mich aus dem menschlichen Verkehr entfernen zu können vermeinst, einen Menschen, der bei aller Befähigung für die Studien dabei doch vor keinem ehrenwerten*

Umgang und Verkehr, zuweilen auch der Gesellschaft Andersdenkender [dissimilium], *zurückschreckt.*[119]

Das Bedürfnis, die Welt kennenzulernen und sich mit ihr einzulassen – das ist der eigentliche Motor des Handelns von Ulrich von Hutten. Darin unterschied er sich von den meisten Humanisten seiner Zeit. Dem Mutianus Rufus, einem der größten Gelehrten seiner Zeit, genügte es, sich in der Stille seines bescheidenen Hauses in Gotha in die klassischen Werke der Römer und Griechen zu versenken und diese in einem Kreis gleichgesinnter Freunde zu diskutieren. Erasmus reiste zwar viel, so viel, daß er einmal scherzte, sein Pferd sei das weiseste, weil es an so vielen Universitäten gewesen sei. Aber ihm ging es in erster Linie um den Gedankenaustausch mit gleichgesinnten Gelehrten. Johannes Reuchlin schließlich ließ sich nur widerwillig in die Kontroverse, die seinen Namen trug, hinein-

Willibald Pirckheimer. Kupferstich von Albrecht Dürer, 1524

ziehen. Ganz anders Hutten. Wenn er in diesem Brief schreibt, er schrecke nicht vor dem Verkehr mit *Andersdenkenden* zurück, so muß man korrigierend hinzufügen: er brauchte ihn sogar. Der Zorn sei die Hebamme von Huttens Schaffen, hatte D. F. Strauß in bezug auf die Lötz-Klagen gesagt. Das galt für Huttens gesamtes Schaffen. Provokation und Reibung mit einem Gegner löste seine schöpferischen Impulse aus. Das war sein Lebenselixier. Auch dieser Brief war entstanden, weil Pirckheimer ihn provoziert hatte – wenn auch auf ironisch-freundliche Art.

Selbstverständlich legten auch handfeste wirtschaftliche Gründe Hutten eine bezahlte Beschäftigung nahe. Anders als Pirckheimer, der ein beträchtliches Vermögen geerbt hatte, mußte er für seinen Lebensunterhalt selbst sorgen. Eintritt in den Hofdienst war deshalb kein Luxus, sondern eine ökonomische Notwendigkeit. Im Grunde gab es für ihn die Alternative zwischen einem den literarischen Studien gewidmeten und einem tätigen Leben gar nicht. Wohin hätte er als Ritter gehen können, fragt er, und schildert dann anschaulich die prekäre wirtschaftliche Situation eines typischen Ritters, die ständige Bedrohung, die Fehden und das Leben auf einer engen, kalten und übelriechenden Burg: *Das sind unsere ländlichen Freuden, das ist unsere Muße und Stille.*[120]

Gleichzeitig beargwöhnten die im harten Existenzkampf stehenden Ritter die literarischen Studien als eine Zeitverschwendung, die man sich nicht leisten konnte. *Da schon seit vielen Jahren die Meinung besteht, daß eine Kenntnis der Wissenschaften unter der Würde der Ritter sei*[121], wolle er, Hutten, jungen Adeligen ein Vorbild sein. Sie sollten sehen, wie ein Mensch, der unter solchen Kosten und Mühen humanistische Studien getrieben habe, es in einer traditionellen Hofkarriere zu etwas bringen könne. Im praktischen Leben müsse er wirken, weil sonst seine Standesgenossen mit ihm, dem exponierten Vertreter der neuen Studien, auch diese selbst verachteten.

Steht also einerseits der Humanist Hutten unter Legitimationsdruck gegenüber seinen Mitrittern, so mußte er sich andererseits gegenüber seinen Mithumanisten dem Verdacht aussetzen, durch seine Bindung an einen Hof die bildungspolitischen Ziele des Humanismus zu kompromittieren. Er verteidigt sich mit dem Hinweis, daß seine Stellung ihm jetzt sogar erlaube, seinen Fürsten im Sinne der neuen Bildung zu beeinflussen. Zur Not müsse man ihn durch Schmeicheleien zur Förderung der humanistischen Bemühungen anregen: *Einige haben wir gezwungen, uns aus Scham wohlzutun, und sie haben wenigstens so viel verstanden, daß es eines Fürsten würdig ist, die Wissenschaft zu fördern. Daher rate ich, ihr Wohlwollen auf jede Weise einzufangen und, wo immer es geht, der Gunst des Fürsten die Netze zu spannen.*[122] Der Mitautor der *Dunkelmännerbriefe* hatte auch in seiner neuen Rolle nichts von seiner Begeisterung für die humanistische Erneuerung und Kampfeslust gegen die «Barbarei» eingebüßt: *Wir sehen, wie wichtig es ist, dieses Unkraut auszureißen, die-*

sen Tintenfisch auszumerzen, damit die glückliche Pflanze der wahren Wissenschaft hervorsprießt und sich so weit wie möglich ausbreitet; damit, wie ich sage, diejenigen vernichtet werden, die sich als drohende Wolken vor das strahlende Gesicht der aufgehenden Sonne der freien Bildung schieben und versuchen, dieses Licht des wahren Glanzes bei seinem Aufgang zu verdunkeln, ja es zu Erlöschen zu bringen.[123] Anzeichen für das Aufblühen der schönen Künste und Wissenschaften sieht Hutten überall in Deutschland, so daß er diesen Brief, von dessen Gedankenreichtum hier nur einige wenige Ideen wiedergegeben werden konnten, mit jenem für das neue Renaissancegefühl so charakteristischen Anspruch schließt: *O Jahrhundert, o Wissenschaft! Es ist eine Lust zu leben, wenn auch noch nicht in der Stille. Die Studien blühen, die Geister regen sich. Barbarei, nimm dir einen Strick und mach' dich auf Verbannung gefaßt!*[124]

Es gehört zu den Rätseln der Huttenschen Biographie, daß er diesen optimistischen Satz schrieb, als er in einer überheizten Stube in Augsburg, geplagt von ekelerregenden Geschwüren und abgeschnitten von dem für ihn so wichtigen Umgang mit Menschen, sich einer Radikalkur gegen die Syphilis unterzog, mit der er sich 1508 in Leipzig infiziert hatte. Elf Heilungsversuche, darunter sogenannte Schmierkuren, während derer er 30 Tage lang in Tücher gehüllt in einem glühend-heißen Zimmer ausharren mußte, waren gescheitert. Immer wieder tauchten die fürchterlichen Symptome auf: offene Geschwüre, Schwellungen, Verhärtungen, Fieber und Schüttelfrost. Als die Schmerzen ihn wieder einmal Tag und Nacht peinigten, riet ihm ein Freund zum Selbstmord. Hutten lehnte ab, *weil wir doch Christen sind*[125].

In dieser Situation schlug ihm der Leibarzt des Erzbischofs eine neue vielversprechende Kur vor. Hutten sagt darüber: *In so vielen Krankheiten hatte jedermann an mir verzweifelt und hieß mich doch mein guter Geist, noch etwas hoffen, da unterstand ich mich* [wagte ich], *des Holzes Kraft zu versuchen.*[126] Das Holz, auf dessen Heilkraft Hutten seine ganze Hoffnung setzte, war das aus Mittelamerika importierte Guajakholz. Im Herbst 1518 unterzog sich Hutten während des Augsburger Reichstags einer vierzigtägigen Generalkur, einer kombinierten Schwitz-, Trink- und Hungerkur. In einem hermetisch abgedichteten Raum trank der Patient nach strengen Vorschriften den aus Guajakholzspänen und Wasser destillierten Sud: der dabei entstehende Schaum wurde zum Einschmieren der Wunden benutzt. Damit sich die vermeintlich heilende Wirkung des Wundersafts voll entfalten konnte, setzte man den Kranken auf eine rigorose Fastendiät.

Tatsächlich hielt sich Hutten nach Beendigung dieser Behandlung für geheilt. Aus Dankbarkeit schrieb er Ende 1518 ein Büchlein über das Holz und die «Franzosenkrankheit»[127], in dem er den mutmaßlichen Ursprung und die Symptome beschrieb, um dann erschöpfend-detailliert aus eigener Anschauung die Guajakkur selbst darzustellen. Der Traktat ist

Verkäufer von Guajakholz. Holzschnitt, 1519

klar disponiert. Die Sprache kühl distanziert. Innerhalb kurzer Zeit hatte er sich die medizinische Fachterminologie angeeignet.

Angesichts der Verbreitung der Seuche darf es nicht überraschen, daß das Werk viele Leser fand. Durch die Übersetzungen ins Deutsche, Französische und Englische wurde es in den verschiedenen Landessprachen zu einem beliebten populärwissenschaftlichen Traktat.[128] Huttens Heilung war freilich nur von kurzer Dauer. Die vorübergehende Symptomfreiheit hatte ihn die Potenz der Krankheit unter- und die Heilkraft des Holzes überschätzen lassen.

Die Erwähnung von Huttens Syphilis könnte damit erledigt sein, wenn sie nicht von seinen Gegnern bis in unser Jahrhundert zu seiner Diffamierung herangezogen worden wäre. Daß man auf der Basis seiner syphilitischen Infektion auf einen «lasterhaften Lebenswandel», auf «gewohnheitsmäßige Ausschweifungen» und auf «eine wüste Lebensführung» schloß[129], ist nicht nur mangels jeglicher Beweise unwissenschaftlich, sondern auch in höchstem Maße unhistorisch.

Die Syphilis – der Name wurde der Seuche erst 1530 von dem italienischen Arzt Girolimo Fracastoro gegeben – wurde wahrscheinlich um 1493 aus der Neuen Welt nach Neapel eingeschleppt, von wo sie sich durch das Söldnerheer des französischen Königs Karl VIII. über ganz Europa verbreitete. Zu dieser schnellen Verbreitung trugen nicht nur mangelhafte hygienische Zustände bei – von dem unvorstellbaren Schmutz in den Städten, auf den Burgen und in den Fürstenhäusern geben uns die Zeitgenossen, einschließlich Hutten, immer wieder anschauliche Schilderungen –, sondern auch die gegenüber heute größere sexuelle Unvoreingenommenheit. Brutstätten waren nicht nur die oft unter städtischer Verwaltung stehenden Freudenhäuser, sondern auch die öffentlichen Badestuben. Obwohl Geschlechtsverkehr die primäre Infektionsquelle war, konnte man sich auch durch Bettwäsche, gemeinsame Benutzung von Eßgeschirr und sogar durch Händedruck anstecken. Die extragenitale Ansteckung kam aber seltener vor. Anders als bei der modernen Krankheit Aids, bei der, sofern sie zum Ausbruch kam, alle Fälle tödlich verlaufen sind, starben an der Syphilis nur etwa 5 Prozent.

Die Seuche suchte sich ihre Opfer in allen Bevölkerungsschichten. Weder vor der bäuerlichen Kate noch dem königlichen Palast machte sie halt. Man schätzt, daß zur Zeit Huttens etwa ein Zehntel der Bevölkerung daran litt, darunter die Päpste Julius II. und Leo X. und die Könige Heinrich VIII. von England und Franz I. von Frankreich. Unter den deutschen Humanisten war das bekannteste Opfer Conrad Celtis. Hutten selbst widmete seine Schrift dem Erzbischof von Mainz mit dem Wunsch, *Christus unser Heiland möge geben, daß er* [Albrecht] *das Büchlein nie nötig haben werde*, aber an seinem Hof könne es vielleicht gute Dienste leisten.[130]

Da bekannt war, wie weit die Krankheit verbreitet war und wie leicht man sich infizieren konnte, wurden die Kranken bis zur Mitte des 16. Jahrhunderts auch weder sozial noch moralisch stigmatisiert.

Überblickt man vorurteilsfrei alle vorhandenen Zeugnisse und den zeitgeschichtlichen Kontext, so muß man zu dem Schluß kommen, daß Huttens Krankheit kein Grund zu irgendwelcher moralischer Verunglimpfung sein sollte. Im Gegenteil: Bewunderung erregt die Art und Weise, wie er die Krankheit trug und trotz ständiger Schmerzen ein Leben von ungewöhnlicher Produktivität führte.

Die Türkenrede und Arminius

Während Ulrich von Hutten in Augsburg an seiner höllischen Guajakkur laborierte, mußte sich Martin Luther, der nur wenige Straßenzüge entfernt wohnte, vor dem päpstlichen Legaten Kardinal Cajetan wegen seiner kritischen Äußerungen zum Ablaßwesen verantworten. Eine auf Luther fixierte Geschichtsschreibung hat den Eindruck vermittelt, daß dieses «Verhör» der Hauptverhandlungspunkt des im Herbst 1518 in Augsburg tagenden Reichstages gewesen sei. Obwohl dieser erste Zusammenstoß Luthers mit einem hohen Vertreter der Kurie zweifellos für die protestantische Bewegung wichtig war, blieb er doch zu diesem Zeitpunkt ein Geschehen auf einer Nebenbühne. Daß Hutten davon kaum Notiz nahm, lag also nicht nur an seiner krankheitsbedingten Isolierung.

Das allgemeine Interesse galt dagegen zwei Themen, der Nachfolge Kaiser Maximilians und der Bedrohung durch die Türken. Maximilian kränkelte. Mit Besorgnis hatten die trinkfesten Kurfürsten beobachtet, wie der Habsburger Monarch Wasser statt des gewohnten Weines trank. In dem politischen Gerangel um den potentiellen Nachfolger setzte sich Maximilian für seinen achtzehnjährigen Enkel Karl I. von Spanien ein, während Papst Leo X., der einen Machtzuwachs der ohnehin starken Habsburger fürchtete, Franz I. von Frankreich favorisierte. Da aber Maximilian noch lebte, konnte man eine Entscheidung vertagen.

Nicht vertagen ließ sich dagegen die Türkenfrage. Die Türken, die 1453 Konstantinopel eingenommen hatten und durch spektakuläre Eroberungen in Syrien, Arabien und Ägypten zur Weltmacht geworden waren, wurden auch für Osteuropa immer mehr zu einer drohenden Gefahr. Drei Jahre später eroberten sie Belgrad, elf Jahre später standen sie vor Wien. Die Idee eines Feldzugs gegen die «Ungläubigen» war deshalb allgemein akzeptiert, selbst von so friedliebenden Naturen wie Erasmus von Rotterdam. War man sich auch über die Notwendigkeit einig, so herrschte doch weitgehend Uneinigkeit über die Leitung und Finanzierung einer derartigen Kampagne.

Zu diesem Thema meldete sich Ulrich von Hutten mit einer lateinischen Rede, von deren Vortrag auf dem Reichstag er freilich durch seine Krankheit abgehalten wurde.[131] Nicht der Papst, wie Cajetan forderte, sondern die Deutschen unter der Leitung ihres Kaisers sollten den Türkenkrieg führen – das ist kurz gesagt Huttens These. Indem er einer Nationalisierung des Feldzugs gegen die Türken das Wort redete, wandte er sich energisch gegen den römischen Führungsanspruch in dieser Angelegenheit. So behauptet er zum Beispiel, daß die für den Türkenfeldzug schon mehrmals von Rom eingetriebenen Gelder in Wirklichkeit nicht zur militärischen Vorbereitung, sondern zweckentfremdet zur Finanzierung des römischen Luxus verbraucht worden seien. Deshalb ruft er den in Augsburg versammelten Fürsten zu: *Darum, wenn ich freimütig sagen soll, was ich denke, habt ihr in diesem Krieg ebensosehr gegen Rom als gegen Asien* [die Türken] *auf der Hut zu sein... Bei euch selbst habt ihr alles zu suchen, unter euch Beschlüsse zu fassen und nicht jene intriganten Ratgeber von außen zuzulassen.*[132]

Selbstverständlich war sich Hutten als realistischer Beobachter deutscher Machtverhältnisse der Schwierigkeiten eines solchen Unternehmens bewußt. Anders als England und Frankreich entbehrte das Heilige Römische Reich Deutscher Nation einer starken zentralistischen Autorität. Der Einfluß der Territorialfürsten hatte in den letzten Jahrzehnten eher zu- als abgenommen. Eifersüchtig auf ihre partikularistischen Rechte pochend und untereinander zerstritten, widersetzten sie sich allen für sie Machtverlust bedeutenden Einigungsbestrebungen. Da sie im Reichsverband die entscheidende Machtgruppe waren, mit der jeder Versuch einer Integration stand und fiel, appellierte Hutten an sie: *Eines Baumes Zweige seid ihr, eines Körpers Glieder. Werdet ihr dulden, daß der edle Baum, dadurch, daß die Äste gegeneinander schlagen, seines Schmuckes entblößt, seiner Frucht beraubt wird? Werdet ihr gutheißen, wenn in so einem prachtvollen Körper durch inneren Streit die Glieder verkommen?*[133]

Huttens leidenschaftlicher Appell an das nationale Gewissen der deutschen Fürsten verhallte ungehört. Zur Finanzierung des Unternehmens wurde lediglich eine vage «Abendmahlssteuer» beschlossen, und auch diese sollte erst nach Konsultation mit den «Untertanen» erhoben werden, ein geradezu zynisches Sichverschanzen hinter dieser sonst so gering geachteten Bevölkerungsgruppe.

Ulrich von Hutten reagierte mit gemischten Gefühlen. Einerseits war er enttäuscht, daß man die Bedrohung der Türken nicht ernst genommen hatte, andererseits sah er es nicht ungern, daß man die vom Papst geforderten Gelder für den Feldzug abgelehnt hatte. Nicht ohne Schadenfreude meldete er Pirckheimer: *Der päpstliche Legat verläßt Deutschland wie ein Wolf mit lechzender Zunge und nimmt kein Geld zurück.*[134]

Für die politisch-reformatorische Entwicklung Huttens ist die Türkenrede aus zwei Gründen ein Markstein: einmal scheint er jetzt seine imperialistisch-universale Kaiseridee aufgegeben zu haben. Obwohl seine Bewunderung für den Kaiser unverändert blieb, war er skeptisch geworden gegenüber Maximilians Vermögen, diesen Ansprüchen militärischen Nachdruck zu verleihen. *Die italienischen Theater hallen wider von dem*

*Das Hermanns-
denkmal im
Teutoburger Wald*

Gelächter über dich, heißt es bereits in einem früheren Gedicht[135], und in einem anderen berichtet er von einer venezianischen Karikatur, auf der der Kaiser als Krebs dargestellt wird. Darunter stand die ironische Unterschrift: *Ich ziehe nach Italien!*[136] Der Krebs kroch rückwärts. Von jetzt an setzte Hutten seine Hoffnung auf den Kaiser der Deutschen und arbeitete für eine Änderung der politischen Zustände innerhalb Deutschlands.

Zweitens kündigt sich aber auch in den heftigen Ausfällen gegen das Papsttum in der Türkenrede das zweite Thema seiner letzten Jahre an, sein Kampf gegen Rom. In den folgenden Jahren sollten diese beiden Themenkomplexe, Betonung der nationalen Aufgaben und Kampf für Unabhängigkeit von Rom, zu einer unlösbaren Einheit verschmelzen.

In humanistisch-distanzierter Form thematisierte Hutten diesen Kampf für die Unabhängigkeit von Rom in dem lateinischen Dialog *Arminius*, den er um diese Zeit konzipiert, jedoch erst ein Jahr später ausgearbeitet hat. Postum erschien er 1529.[137] Hutten war bei der Lektüre der erst 1515 gedruckten «Annalen» des Tacitus auf die Figur des cheruskischen Heerführers Arminius oder Hermann gestoßen, unter dessen Führung die Germanen den Römern unter Varus im Jahre 9 A. D. eine demütigende Niederlage beigebracht hatten. In dem Dialog erscheint Arminius vor dem Richterstuhl des Unterweltrichters Minos mit der Beschwerde, daß zwar Alexander, Scipio und Hannibal, aber nicht ihm ein Platz unter den großen Heerführern zugewiesen worden sei. Als Minos verspricht, die Angelegenheit noch einmal zu überprüfen, besteht der germanische Führer auf der Anwesenheit des Tacitus, der ihm ein glänzendes Zeugnis ausstellt. Obwohl der Unterweltsrichter dem cheruskischen Heerführer den ersten Platz unter den militärischen Führern zugesteht, kann er den ursprünglichen Richterspruch nicht verändern. Statt dessen beschließt er: *Da du aber der Befreier Deutschlands warst, und alle dir zugestehen, daß du in einem für die Freiheit unternommenen Krieg unbesiegt geblieben bist, und keiner sich dabei in größere Gefahr begeben und keiner größeren öffentlichen Nutzen im Auge hatte, habe ich beschlossen, dich unter die Tyrannenmörder und Vaterlandsbefreier einzureihen. Merkur gebe ich den folgenden Auftrag: auf dem Markt, auf den Plätzen, im Zirkus, an Wegkreuzungen und wo immer sich Menschen und Götter versammeln, soll Hermann der Cherusker als der Freieste, Unüberwindlichste und Deutscheste gefeiert werden.*[138]

Mit diesem Dialog begründete Hutten den Arminius-Kult in Deutschland. In mehr als neunzig Dramen, Romanen und Opern behandelten nach ihm Künstler, unter ihnen Frischlin, Wieland, Klopstock, Kleist und Grabbe den Stoff.[139] Im Jahre 1875, vier Jahre nach der Reichsgründung, wurde das monumentale Hermannsdenkmal im Teutoburger Wald eingeweiht.

Im *Arminius* ist die Parallelität zwischen Vergangenheit und Gegenwart zwar impliziert, aber nirgends ausgesprochen. Wie einst die Germanen das «römische Joch» abgeworfen haben, so sollen sich auch die modernen Deutschen der römischen Fremdherrschaft entledigen. Diese Zurückhaltung hat Hutten später aufgegeben. Im zwei Jahre später geschriebenen Brief an den Kurfürsten Friedrich von Sachsen ist zwar wieder die Rede von *dem unüberwindlichsten und starkmütigsten Helden Arminius, der nit allein sein Ort, Gebiet und Vaterland, sondern die ganze teutsche Nation von den Händen der Römer erlöset und wieder in Freiheit gesetzt, den Römern großen und unvergleichlichen Schaden zugefügt, sie zuletzt gestrenglich verjagt und außgetrieben* hat. Dann fügt aber Hutten aktualisierend hinzu: *Was mag nun wohl derselbig Held in jener Welt sagen, wenn er sieht uns Teutschen, über die er doch die Römer etwan [früher], da sie redlich und adelig Leut und Herren der ganzen Welt waren, nit gewollt herrschen lassen, den weichen zarten Pfaffen und weibischen Bischöfen unterworfen sind. Fürwahr er würd sich seiner Nachkommenden schämen.*[140]

Kampf gegen Rom

Bevor Ulrich von Hutten sich jedoch in den publizistischen Feldzug gegen das Papsttum stürzte, nahm er noch an einer militärischen Kampagne gegen Herzog Ulrich von Württemberg teil. Im Februar 1519 war Kaiser Maximilian gestorben. Unter einem Vorwand glaubte der Herzog die vorübergehende Thronvakanz zu einem Überfall auf die Reichsstadt Reutlingen nutzen zu können, worauf sich aber der Schwäbische Bund mit einem gutgerüsteten Heer von 30000 Mann zu Fuß und 4000 Reitern – das sind Huttens möglicherweise etwas zu hoch gegriffenen Angaben [141] – gegen den herzoglichen Rebellen wandte. Hutten schien in diesem Krieg aufzublühen. Seinen daheimgebliebenen Mainzer Freunden schrieb er: *Mehr kann ich aber heute nicht schreiben: schon bläst die Trompete. Später Ausführlicheres, ich hoffe nach der Einnahme Tübingens. Lebt wohl und denkt an mich... Eilig, unter Trompeten, Pferdegewieher, Trommeln und Lagerlärm.* [142] Sein Zeltgenosse war der bekannte Ritter und Heerführer Franz von Sickingen, eine folgenreiche Begegnung, wie sich noch zeigen wird. Da das Bundesheer nirgends auf ernstlichen Widerstand stieß, war der Württemberger Herzog bereits Ende April besiegt und außer Landes vertrieben.

Der Feldzug erschöpfte den geschwächten Hutten mehr als dieser wahrhaben wollte. Er sehnte sich nun doch nach Ruhe und einem idyllischen Gelehrtendasein, zu dem auch eine treusorgende Gattin gehörte: *Gib mir eine Frau*, schrieb er an einen Freund, *und damit Du weißt, was für eine: laß sie schön sein, jung und wohl erzogen, heiter, züchtig, geduldig. Besitz gib ihr genug, nicht viel. Denn Reichtum suche ich nicht und was die Familie betrifft, so glaube ich, wird diejenige adlig genug sein, der Hutten die Hand reichen wird.* [143]

Diese nur halbherzig betriebenen Heiratspläne zerschlugen sich aber schnell. Die ins Auge gefaßte Dame, eine gewisse Kunigunde Glauberg, winkte ab und verehelichte sich mit einem Frankfurter Rechtsanwalt. Auch aus dem ruhigen Gelehrtenleben, das er noch vor einem halben Jahr gegenüber Pirckheimer als für sich ungeeignet abgelehnt hatte und nun so sehnsüchtig zu begehren schien, wurde nichts. Statt dessen waren die nächsten vier Jahre, die ihm noch bis zu seinem Tode blieben, angefüllt mit hochfliegenden Plänen und bitteren Enttäuschungen, fieberhaf-

Titelseite des Gesprächbüchlein, 1524

ter publizistischer Tätigkeit und unerbittlichen und schließlich lebensbedrohenden Verfolgungen. Handelnd und schreibend nahm er regen Anteil an den religiösen und politischen Geschehnissen in diesen Entscheidungsjahren der Reformation.

Während seines ersten Italien-Aufenthalts hatte Hutten in Papst Julius II. einen kriegerischen Renaissancefürsten kennengelernt. Seine Angriffe hatten sich gegen dessen Person und nicht gegen die Institution der Kirche gerichtet. Während seines zweiten Italien-Aufenthalts hatte er täglich die Kurie in Rom beobachten können. Er registrierte mit Empörung deren Prachtentfaltung, den Luxus, die Ausschweifungen und moralische Zügellosigkeit. Gleichzeitig wurde er Zeuge, wie die Verwaltungsbürokratie riesige Summen verschlang. Eigene Beobachtungen in Deutschland festigten und verstärkten Huttens italienische Eindrücke. Da ihm aber seine Beschäftigung am Mainzer Hof Zurückhaltung auferlegte, hielt sich seine Kritik zunächst in Grenzen. In dem Maße aber, in dem er sich von Mainz löste, verschärfte und radikalisierte sich seine politisch-reformatorische Agitation gegen das Papsttum und das gesamte damit verbundene Herrschaftssystem.

Ulrich von Hutten eröffnete seine publizistische Kampagne gegen Rom mit vier lateinischen Dialogen, die er im Laufe des Jahres 1519 verfaßt und im April 1520, vermehrt um den Dialog *Fortuna*, drucken ließ. Es sind dies *Febris prima* (*Das erste Fieber*)[144], *Febris secunda* (*Das zweite Fieber*)[145], *Vadiscus sive Trias Romana* (*Vadiscus oder die römische Dreifaltigkeit*)[146] und *Inspicientes* (*Die Anschauenden*)[147]. Als *Gespräch-büchlin* kamen sie Anfang 1521 auf deutsch auf den Markt.

Gesprächspartner des *Ersten Fiebers* sind das personifizierte Fieber und Hutten, der den ungebetenen Gast loswerden möchte. Damit erklärt sich das Fieber aber nur unter der Bedingung bereit, daß sich eine andere Herberge finden lasse. Da die Krankheit einen wohlhabenden Mann vorzieht, schlägt Hutten Kardinal Cajetan vor, der gerade anläßlich des Augsburger Reichstages in Deutschland weilt. Leider erweist sich dieser päpstliche Legat, dessen Arroganz und Prunksucht karikaturistisch dargestellt werden, als zu mager und daher für das Fieber als neuer Wohnsitz undiskutabel. Unverzagt versucht Hutten, ihm andere soziale Gruppen als Ausweichquartier schmackhaft zu machen, immer mit dem gleichen Ergebnis: die Arbeiter vertreiben das Fieber mit Hunger und harter Arbeit, die reichen Fugger sind von Ärzten umgeben und die Mönche lernen zu viel von beichtenden Frauen. Schließlich findet das Fieber aber doch Wohnung bei einem nicht näher identifizierten päpstlichen Höfling, der alle für einen angenehmen Aufenthalt erforderlichen Eigenschaften besitzt: er trinkt viel Wein, würzt stark, was als Luxus galt, schläft in weichen Betten, ißt nur die erlesensten Speisen, badet gern, ist verschwenderisch, haßt Ärzte und umgibt sich mit Spielleuten und Konkubinen.

Ist das *Erste Fieber* eine breite Satire auf das Wohlleben päpstlicher Höflinge, so dominiert im *Zweiten Fieber* thematisch einheitlicher das für die Reformationspolemik so wichtige Thema des Zölibats. Das Fieber, wiederum in Huttens Haus Einlaß begehrend, berichtet aus intimer Sachkenntnis über seine Beobachtungen im Haushalt des Höflings. Besonders dessen Verhältnis zu seiner Konkubine mit all den Betrügereien, Eifersüchteleien und Erpressungsversuchen werden geschildert, eine Schilderung, die Hutten zu dem Schluß kommen läßt, daß der Zölibat zu Unkeuschheit und Heuchelei führe. Nicht der einzelne Priester, sondern die

Institution sind aber dafür verantwortlich: *Sie haben all nit Schuld daran, / Ohn Fleisch der Mensch nit leben kann.*[148]

Die beiden satirischen Fieber-Dialoge waren nur spielerische Vorspiele gegenüber dem *Vadiscus*, der umfangreichsten und kritischsten Schrift dieser vier Werke. Sie war «der Fehdehandschuh gegen Rom, das große Manifest seines Kampfes für die deutsche Freiheit»[149]. Schon im August 1519 hatte Hutten seinem Freund Eobanus Hessus geschrieben: *Ich schmiede gerade an einem Dialog mit dem Titel Trias Romana. Nichts Heftigeres, nichts Offeneres ist bisher gegen die römischen Goldsauger veröffentlicht worden.*[150]

Gesprächspartner sind ein gewisser Ernolt und Hutten, der seinem Bekannten von einem Vadiscus berichtet, der die Angewohnheit hat, seine römischen Erfahrungen und Beobachtungen in griffige Dreierformeln zusammenzufassen. Einige Beispiele: *Drei Dinge ... halten Rom bei seinen Würden: Autorität des Papstes, Heiligtum und Kaufschatz des Ablaß.*[151] Oder: *Die Römer handeln mit dreierlei Kaufschatz: Christo, geistlichen*

Lehen und Weibern.[152] Oder: *Drei Dinge hält man in Rom in großem Werte: Hübsche Frauen, schöne Pferde und päpstliche Bullen.*[153] Diese etwa sechzig Triaden werden von Hutten und Ernolt diskutiert und erweitert, wobei jeder der beiden Gesprächspartner seine eigenen Rom-Erfahrungen einbringt. Was dabei entsteht ist ein vollständiges, an zahlreichen konkreten Beispielen belegtes Sündenregister Roms, in dem zwar Wichtiges von Unwichtigem kaum unterschieden wird, das aber in seiner Gesamtheit einen Eindruck von der allgemeinen Unruhe und Unzufriedenheit der Zeit gibt. Gegeißelt werden die Prachtentfaltung Roms, die Sittenlosigkeit der Geistlichen und die Diskrepanz zwischen der christlichen Urkirche und dem, was inzwischen daraus geworden ist: *Ihr habt,* so klagt Hutten die Höflinge an, *die unversehrte Heiligkeit versehrt* [verletzt], *die Reinigkeit der jungfräulichen Kirchen geschändet und verunreinigt. Ihr habt zu einer Mordgrube gemacht das Haus des Gebetes, aus welchem, wenn je Christus wieder auf diese Welt zu uns abher käme, euch viel zorniglicher dann* [als] *er etwan* [früher] *die Käufer und Verkäufer* [Geldwechsler] *treiben würde.*[154]

Besonders beißend kritisiert Hutten das gesamte im Laufe der Jahrhunderte verfeinerte Herrschafts- und Finanzsystem der römischen Kurie. Ausführlich erörtert er die verschiedenartigen finanziellen Belastungen und die juristischen Tricks, mit denen Rom aus Deutschland Geld preßt: die Gratien, die päpstlichen Gnadenerlasse, und die Reservationen, die päpstlichen Vorbehalte, die die Kurie bei der Verteilung von Pfründen für sich beanspruchte, und die Annaten, die der Papst von den Einnahmen des ersten Pfründenjahres erhob, und natürlich der Ablaß, der Nachlaß zeitlicher, das heißt im Fegefeuer zu verbüßender Strafen. *Ihr, die* [ihr] *euch mit Worten für Schäfer und Hirten der Gottesherde ausgebt,* heißt es in demselben Gespräch, *seid in Wahrheit Räuber des christlichen Volkes; denn ihr breitet nicht wie die Apostel das Evangelium aus, sondern treibt Geld zusammen. Behütet nicht, wie es einem Hirten gebührt, die befohlene Herde, sondern wie die reißenden Wölfe pflegen, würget und verwüstet ihr die Schafe und seid jetzt nicht mehr, wie euch gebühren wollte, Fischer der Leute, sondern denkt ihren Reichtum zu fangen, Gold zu erjagen und stellet nach Gewinn, haltet Fleiß, fremde Erbe anzufallen und meinet doch, was Gott Sankt Petro Gewalts geben hat, frevelhaft auf euch zu einen, macht den christlichen Namen mit euerm Lügen und Trügen, mit euern aufsätzlichen* [betrügerischen] *bösen Stücken und Bübereien der ganzen Welt schmählich und verhaßt.*[155]

Opfer dieses Ausbeutungsapparats waren besonders die Deutschen, von deren Nationaleinkommen nach modernen Schätzungen zwei Fünftel nach Rom flossen.[156] So mußte zum Beispiel Albrecht von Brandenburg für seinen Erzbischofmantel die stattliche Summe von 20 000 Gulden an die Kurie abführen: *Und ist derhalben das Fürstentum also zu merklichen großen Schulden gekommen, der gemeine Mann so oft geschätzt* [besteu-

Ablaßhandel. Holzschnitt von Hans Holbein d. Ä., Anfang des 16. Jahrhunderts

ert] *worden, daß jetzt ein Bischof kaum so viel Einkommen hat, daß er seinen Stand davon erhalten mag.*[157]

Finanzielle Ausbeutung durch Rom bedeutete aber für Hutten auch einen Verlust an Freiheit, und diese wiederzugewinnen war ein Hauptanliegen seines politischen Programms. Daß dieser Prozeß der Lösung von der Bevormundung durch die mächtige römische Zentralkirche nicht leicht sein würde, darüber war er sich im klaren, ebenso wie er sich im klaren war, daß notfalls Waffengewalt nötig sein würde, weshalb er in seiner oratorisch glänzenden Zusammenfassung fragt: *Umgeben von seinen Mitfressern, die uns erstlich unser Blut ausgesogen, danach vom Fleisch gefressen, bis sie uns jetzt (ach Christ Herr!) an das Mark kommen, zerbrechen uns die innerlichsten Bein und was übrig ist, wollen sie auch verzehren. Suchen die Deutschen nicht Waffen hierfür? Gehen sie die nicht mit Eisen und Flammen an?*[158]

Inhaltlich gehen die in großartiger Unsystematik vorgetragenen Gedanken auf die sogenannten «Gravamina» der deutschen Nation zurück, jener Sammlung von Beschwerden, die schon seit dem 15. Jahrhundert immer wieder auf den Reichstagen zum Ausdruck gebracht wurden. Hutten formuliert aber schärfer und drohender: *Unsere Freiheit war gefesselt und von des Papstes Stricken gebunden. Ich löse sie; verbannt war die Wahrheit bis zu den Antipoden; ich führe sie zurück.*[159]

Der Aufdeckung der Wahrheit diente auch der Dialog *Die Anschauen-*

den, wobei die Anschauenden oder Zuschauer der antike Sonnengott Sol und dessen Sohn, der Wagenlenker Phaeton, sind. Während einer Verschnaufpause für ihre Pferde unterhalten sie sich über die Ereignisse des Reichstags zu Augsburg. Ins Gesichtsfeld rückt inmitten einer prachtvollen Prozession wiederum Kardinal Cajetan, der sich beschwert, daß der Sonnengott zehn Tage nicht geschienen habe, ein für deutsche Breiten nicht ungewöhnlicher, für den italienischen Würdenträger aber höchst ärgerlicher Umstand, den Sol maliziös damit begründet, daß er nicht geschienen habe, da sonst Cajetans Intrigen und Machenschaften ans Licht gekommen wären. Als Cajetan instinktiv mit den ihm zur Verfügung stehenden Machtinstrumenten, Bannbulle und Exkommunikation, droht, protestiert der mit den Deutschen sympathisierende Phaeton lautstark. Daraufhin fährt ihn der Kardinal an: *Du vermaledeiter, du Übeltäter, du Verdammter, ein Sohn Satans, wie darfst du widerbellen? Ist unrecht, daß ein Hirt seine Schafe schert?* Phaeton entgegnet: *Daß er sie schert, ist nicht unrecht; denn es tun dies auch die guten Hirten; aber diesselbigen schinden und töten die nicht. Das magst du deinen Papst Leo sagen, und auch, wo er nicht fortan* [in Zukunft] *mäßigere Legaten ins deutsche Land schickte, werde er etwa sehen eine Zusammenschwörung* [Verschwörung] *wider einen ungerechten, ungütigen und blutdürstigen Hirten.*[160]

Gleichsam als historische Bestätigung dessen, was Hutten durch Studium und eigene Anschauung lernt und in seinen Dialogen ausgebreitet hatte, veröffentlichte er wahrscheinlich 1519 die Schrift des italienischen Humanisten Lorenzo Valla (1407–57) über die Konstantinische Schenkung, *De donatione Constantini*. Er hatte sie in Italien als Manuskript kennengelernt. In diesem Werk hatte Valla die sogenannte Konstantinische Schenkung als Betrug und das damit verbundene Dokument als Fälschung entlarvt.

Nach dieser Urkunde, die zwischen 750 und 850 entstanden war, soll Kaiser Konstantin (306–337) aus Dankbarkeit für seine Heilung vom Aussatz zum christlichen Glauben übergetreten sein und dem damaligen Papst Silvester die Herrschaft über das gesamte Abendland übertragen haben. Verständlicherweise spielte das Schriftstück, dessen historische Echtheit während des ganzen Mittelalters nie bezweifelt wurde, in der jahrhundertelangen Auseinandersetzung zwischen Papsttum und Kaisertum eine beträchtliche Rolle.

Zwar hielt schon der deutsche Kardinal Nikolaus von Kues (1401–64) die Konstantinische Schenkung für eine apokryphe Urkunde, den Nachweis der Fälschung brachte aber erst Lorenzo Valla, der mit den neuen Mitteln der Textkritik den schlüssigen Beweis für die Unechtheit erbrachte. Bestand seitens der kirchlichen Machthaber kein Interesse an der Veröffentlichung der Schrift, so fand Hutten durch diesen Zufallsfund seine zunehmende Abneigung gegen das Papsttum bestätigt.

Der ritterliche Humanist stellte der Ausgabe ein ausführliches Wid-

Papst Leo X. Kupferstich nach einem Gemälde von Raffael, 1518/19

mungsschreiben an Papst Leo X. voran, also ausgerechnet an den Vertreter jener Institution, deren weltliche Ansprüche Valla so geschickt angegriffen hatte.[161] Um den Heiligen Vater scheinbar nicht zu verletzen, folgt
Hutten einem einfachen, aber brillanten Kunstgriff: er trennt die Person
Leos von den Vorgängern, eine Argumentation, die es ihm erlaubt, gegen
das Papsttum die schärfsten Angriffe zu richten, aber gleichzeitig diesen
Papst, den er als vorbildliche Kontrastfigur aufbaut, von der Kritik aus-
zunehmen. So feiert er den Medici-Papst nach dem kriegerischen Julius II. als *Wiederhersteller des Friedens, des Glaubens und der Gerechtigkeit*. Nicht nur Julius, sondern die Mehrzahl von Leos Vorgängern,
die er sämtlich als Pseudopäpste (pseudopontifices) apostrophiert,

hätten sträflich ihre christlichen Pflichten vernachlässigt: statt wie Christus für den Frieden zu sorgen, hätten sie Krieg geführt, statt Menschen zu retten, hätten sie sie umgebracht, statt sich um das Himmelreich zu kümmern, wäre ihre Hauptsorge das Erdenreich gewesen: *Diese waren es, die bei geringstem Anlaß endlose Plünderungen unternahmen, Ablaß zum Verkauf feilboten, die mit Schenkungen, mit Dispensationen und Bullen jeglicher Art schon lange Zeit gehandelt haben, die für Sündenvergebungen einen Kaufpreis festsetzen und aus den Höllenstrafen eine Erwerbsquelle gemacht haben; die die geistlichen Stellen bei uns, die milden Stiftungen unserer Vorfahren sich abkaufen ließen, die den Deutschen weismachten, daß keiner Bischof ist, der nicht sein Pallium für viele tausend Goldstücke gekauft hat; die sich nicht einmal damit begnügen, einmal im Jahre eine außerordentliche Summe zu erpressen, sondern so oft es ihnen gefiel, Leute zu schicken, die unter verschiedenen Vorwänden Geld eintreiben mußten, einmal um angeblich den Krieg gegen die Türken vorzubereiten, das andere, in Rom eine Kirche für Sankt Peter zu bauen, an deren Vollendung ihnen gar nichts liegt… Wer Dich unter unersättliche Räuber, unter so grausame Tyrannen zählen wollte, würdest Du den nicht für den größten Feind halten?*[162]

Spätestens hier mußte der Leser merken, daß Huttens Vorrede alles andere als Schmeichelei war, sondern daß der Humanist unter der Maske der Ergebenheit mit beißender Ironie nicht so sehr die Mißstände der Vergangenheit, sondern die der Gegenwart anprangerte. Leo unterschied sich zwar wohltuend von seinem unmittelbaren Vorgänger dadurch, daß er an kriegerischen Unternehmungen kein Interesse hatte. Ein Reformpapst, der die von Hutten so detailliert geschilderten Mißstände abzustellen auch nur die geringste Neigung spürte, war er aber keineswegs. Bei seinem Amtsantritt hatte der damals Achtunddreißigjährige sogar verkündet, nun gedächte er sein Leben zu genießen. Sein Luxus war bekannt, und auch sein Mäzenatentum ließ sich nur durch ein raffiniertes Steuer- und Abgabensystem finanzieren.

Was Hutten wirklich über Leo X. und das damalige Papsttum dachte, hatte er schon vorher seinem Freund Willibald Pirckheimer mitgeteilt, als er den Papst einen *leichtgesinnten, geldgierigen Florentiner, einen Heiligen, dessen Unheiligkeit allen Verständigen eine ausgemachte Sache sei,* nannte.[163]

Als Hutten die Dialoge schrieb und Vallas Schrift herausgab, war die *Zusammenschwörung*, die er in den *Anschauenden* angedroht hatte, längst in vollem Gange. Ihr religiöser Führer war ein völlig unpolitischer Augustinermönch aus Wittenberg: Martin Luther.

Hutten und Luther

Nun aber, so schrieb Ulrich von Hutten im April 1518 an seinen adeligen Freund Hermann von Neuenar, *was Du vielleicht noch nicht weißt, ist zu Wittenberg in Sachsen ein Partei gegen die Autorität des Papstes aufgetreten, während die andere den päpstlichen Ablaß verteidigt. Auf beiden Seiten holt man weit aus und streitet mit großer Anstrengung. Mönche führen die Kämpfe an. Die Führer selbst sind eifrig und leidenschaftlich, voller Betriebsamkeit; bald rufen und schreien sie, bald jammern und klagen sie das Schicksal an. Neuerdings haben sie sich auf das Schreiben verlegt: die Buchhändler haben Konjunktur... Meine Hoffnung ist, daß sie sich auf diese Weise zugrunde richten. Ich selbst habe kürzlich einem Ordensbruder, der mir von dieser Angelegenheit erzählte, geantwortet: «Fresset, und ihr werdet dafür wieder gefressen!» Gebe Gott, daß alle zugrunde gehen und sterben, die der aufkeimenden Bildung hinderlich sind.*[164]

Als Mönchsgezänk hatte also Hutten die dem Thesenanschlag vom 31. Oktober 1517 folgenden Auseinandersetzungen zwischen dem Augustinermönch Luther und dem Dominikaner Tetzel abgetan. Noch ein Jahr später, als sich Luther in Augsburg aufhielt und sein Name schon in Deutschland verbreitet war, nahm Hutten kaum von dem zukünftigen Reformator Notiz. Erst als Luther bei der Leipziger Disputation im Juni 1519, von Johannes Eck provoziert, die Heilige Schrift als alleinige Autorität anerkannte und damit die Legalität des päpstlichen Anspruchs in Frage stellte, begann sich Hutten für den Wittenberger Mönch zu interessieren. Dabei spielte zunächst keine Rolle, daß der Ritter und der Mönch aus ganz verschiedenen Motiven zu ihrer antipäpstlichen Position gelangt waren. Für den Theologen stand das Problem der göttlichen Gnade im Mittelpunkt seines religiösen Denkens. Nach langem innerem Ringen war er zu der Einsicht gelangt, daß der sündige Mensch sich nicht durch gute Werke die Gnade Gottes erkaufen, sondern allein durch den Glauben gerechtfertigt werden könne. Aus diesem Grund richtete sich seine Kritik zunächst auch nicht in erster Linie gegen die Finanzpraktiken des Ablaßhandels, sondern gegen die Pervertierung der wahren Bußgesinnung.

Für den politisch-national denkenden Hutten war der Ablaßhandel dagegen ein Nebenproblem, über das er schon deshalb nicht zu laut klagen

Philipp Melanchthon. Kupferstich von Albrecht Dürer, 1526

durfte, weil sein Arbeitgeber, der Erzbischof von Mainz, neben der Kurie zu 50 Prozent an diesem Geschäft beteiligt war. Diese Bindung an den Mainzer Hof erklärt auch die Tatsache, daß er sich zunächst nicht direkt an Luther, sondern an dessen Vertrauensmann Philipp Melanchthon wandte. Durch diesen ließ er Luther Anfang 1520 das Schutzangebot seines Freundes Franz von Sickingen übermitteln.[165] Erst nachdem Hutten im Frühjahr 1520 seine Mainzer Stelle aufgegeben hatte, schrieb er persönlich an Luther: *Gemeinsam führen wir die durch die päpstlichen Dekrete verdunkelte Lehre wieder ans Licht, Du mit mehr Glück, ich entsprechend meinen Kräften... An mir hast Du einen Anhänger für jeden möglichen Fall. Daher wage es, mir in Zukunft alle Deine Pläne anzuvertrauen. Verfechten wir die gemeinsame Freiheit! Befreien wir das schon lange unterdrückte Vaterland. Gott haben wir auf unserer Seite. Wenn Gott für uns ist, wer ist gegen uns?*[166]

Wie stark sich Hutten zu dieser Zeit als Bundesgenosse Luthers sah, zeigt symbolhaft das Titelblatt seines Anfang 1521 erschienenen *Gesprächsbüchlins*. Neben dem Titel sieht man auf der linken Seite Luther in Mönchskutte mit einem Buch in der Hand, vermutlich der Bibel. Auf der rechten Seite aber ist Hutten mit Rüstung und Degen abgebildet. Damit kein Zweifel an den Feinden, denen diese Kampfansage gilt, besteht, stellt der untere Holzschnitt eine Schar Reiter und Fußsoldaten dar, die mit Lanzen eine Gruppe ängstlich fliehender kirchlicher Würdenträger in die Flucht schlagen.

Zweifellos hat Hutten mit seinen Schriften, zu denen bereits die *Dunkelmännerbriefe* mit ihrer antirömischen und antiklerikalen Satire gehören, entscheidend an der Schaffung der Rom-feindlichen Stimmung am

Martin Luther. Kupferstich von Lucas Cranach d. Ä., 1520

Vorabend der Reformation beigetragen. Das Echo, das Luthers Gedanken erfuhren, wäre ohne diese Vorbereitung der öffentlichen Meinung nicht so stark gewesen. Trotzdem sollte diese gemeinsame Gegnerschaft zum Papst nicht über die grundsätzlichen Unterschiede hinwegtäuschen. Luthers Kritik wurzelte in religiös-theologischen Motiven, Huttens in politischen. Dementsprechend unterschieden sich die Mittel zur Durchsetzung ihrer Ziele. Der Ritter versuchte, den Kaiser, die Fürsten, den Adel und schließlich auch die Städte zum Kampf gegen die Papstkirche zu gewinnen. Als dies mißlang, ergriff er im sogenannten «Pfaffenkrieg» selbst die Initiative. Mit militärischer Gewalt wollte er eine Änderung durchsetzen. Anders Luther. Als er von Huttens Plänen hörte, schrieb er an einen Vertrauten: «Daß mit Gewalt und Mord für das Evangelium gestritten wird, möchte ich nicht... Durch das Wort wurde die Welt überwunden, durch das Wort wird sie auch wieder hergestellt werden.»[167] Hutten respektierte zwar diesen Unterschied, als er an Luther schrieb: *Darin unterscheiden wir uns, daß meine Pläne menschlich, deine aber schon vollkommener, göttlich sind; alles ist Gott anheimgestellt.*[168] Er verlor aber nie das Hauptziel seines Kampfs aus den Augen und ordnete sich deshalb später auch nie Luther unter: *Luther war weder mein Lehrer noch Kampfgenosse*, erklärte er gegenüber Erasmus. *Dieses Geschäft treibe ich allein.*[169] Und noch schärfer: *Von Luther könnte ich vielleicht schweigen, von der Freiheit nicht... Ein Lutherischer bin ich nicht, aber dem gottlosen Rom bin ich noch feindlicher gesinnt als Luther es ist.*[170]

Wie feindlich er dem gottlosen Rom gesinnt war, zeigen seine Flugschriften, Invektiven, Dialoge und historischen Arbeiten, mit denen er in den Jahren 1520 und 1521 die antirömische Stimmung in Deutschland vertiefte.

Der Humanist schreibt Deutsch

Nicht nur durch seine Schriften, sondern auch durch persönliche Kontakte mit Politikern suchte Ulrich von Hutten für seine Vorstellungen zu werben. Dies erklärt wohl am besten seine Reise im Juni 1520 nach Brüssel an den Hof des Erzherzogs Ferdinand, des Bruders Karls V., um diesen für seine Pläne zu gewinnen. Jedenfalls hatte der als Habsburger-Freund bekannte Ritter berechtigten Grund, ein offenes Ohr für seine politischen und antipäpstlichen Ideen bei diesem Regenten zu finden. Denn bekanntlich hatte Papst Leo X. aus Sorge um die wachsende Macht der Habsburger die Wahl Karls zum deutschen König zu hintertreiben versucht. Die deutschen Humanisten, unter ihnen Hutten, hatten dagegen die Kandidatur Karls mit den Mitteln der öffentlichen Meinung unterstützt.

Um so erbitterter war Hutten, als er in Brüssel nicht einmal zu einer Audienz bei Ferdinand vorgelassen wurde. Als Freunde ihn warnten, daß einflußreiche Hofgeistliche nach seinem Leben trachteten, verließ er fluchtartig den Brüsseler Hof.

Da der Bericht über die Brüsseler Bedrohung von Hutten stammt, haben skeptische Kritiker dessen Richtigkeit bezweifelt und in ihm lediglich den Versuch gesehen, sich als Märtyrer der reformatorischen Bewegung hochzuspielen. Tatsächlich belegen aber Dokumente aus dem Vatikanischen Archiv, die erst am Ende des letzten Jahrhunderts veröffentlicht wurden, eindeutig Huttens Aussage.[171] Danach existierte eine päpstliche Vollmacht, Hutten mit Hilfe der weltlichen Behörden verhaften und nach Rom bringen zu lassen. Besonders hatte man dem humanistischen Ritter seine Satiren auf Cajetan und den *Vadiscus* verübelt.

Nach seiner Rückkehr nach Mainz erfuhr Hutten nun auch offiziell, daß der Papst inzwischen an verschiedene Fürsten, insbesondere Albrecht von Mainz, einen Brief mit der Bitte geschickt hatte, etwas gegen ihn zu unternehmen. Dadurch erhielt die Auseinandersetzung eine neue Dimension. An seinen Mainzer Freund Wolfgang Capito schrieb er: *Nun endlich fängt dieses Feuer zu brennen an, und es wird ein Wunder sein, wenn es nicht zuletzt mit meinem Untergang gelöscht werden muß. Doch in dieser Sache habe ich mehr Mut als jene Kraft haben. Auf, auf! Es muß zerrissen werden. Lange genug war ich milde. Nach Blut sehe ich die römischen Löwen lechzen. Aber wenn mich nicht alles täuscht, werden sie eher selbst Blut lassen, eher Fesseln und Gefängnis, womit sie mir grausam zu-setzen, erdulden müssen.*[172]

Um seine Familie nicht zu gefährden, verließ Hutten Anfang September die Steckelburg, wohin er sich zunächst aus Sicherheitsgründen bege-ben hatte, und fand auf der Ebernburg seines Freundes Franz von Sickingen Zuflucht. In der Sicherheit dieser *Herberge der Gerechtigkeit* bei Bad Kreuznach entfaltete er in den nächsten Monaten eine fieber-hafte publizistische Tätigkeit. Mit atemberaubender Schnelligkeit er-schienen Klagschriften, Briefe, Reimgedichte, Dialoge und Invektiven.

Es ist unmöglich, und auch wohl nicht unbedingt nötig, nur ein eini-germaßen detailliertes Bild dieser vielfältigen Aktivität zu vermitteln, denn vieles wird variiert und wiederholt. Thema ist immer *die gemeine Beschwernis* und seine *eigene Notdurft*, also einerseits die politische

Karl V.
Gemälde von Bernhard Strigel

Friedrich der Weise von Sachsen.
Kupferstich von Albrecht Dürer, 1523

Lage, andererseits seine Empörung über die ihm widerfahrene ungerechte Behandlung. Diese Doppelthematik zieht sich durch alle Schriften.

In seiner persönlichen Angelegenheit, der Verfolgung durch die kirchlichen und weltlichen Autoritäten, vergeudete er keine Zeit mit Appellen an niedere Instanzen, sondern wandte sich direkt an den Kaiser. Das mag arrogant erscheinen, entsprach aber völlig der Rechtslage, denn als gekrönter Dichter genoß er den persönlichen Schutz des Kaisers. Daneben betonte er aber immer wieder, daß er nicht für seine private Angelegenheit, sondern für Deutschland kämpfe. An Kaiser Karl schrieb er: *Ich stelle mich in erster Linie unter den Schirm meines Gewissens; darum setze ich Vertrauen auf Deine Gerechtigkeit. Durch freimütig gechriebene Bücher habe ich für die Wahrheit Zeugnis abgelegt; aus Pflichtgefühl habe ich Dir, aus Anhänglichkeit dem Vaterlande dienen wollen. Mit festen Gründen habe ich gegen den päpstlichen Trug gestritten, habe die Anschläge gegen Deine Herrschaft und allgemeine Freiheit vereiteln versucht. Wo ist der Lohn für solches Verdienst?*[173]

Wenn Hutten allerdings glaubte, durch Erinnerung an den historischen Antagonismus zwischen Papsttum und Kaisertum beim Kaiser Gehör zu finden, so unterlag er wie viele Zeitgenossen, die in jener Aufbruchsstimmung von dem zwanzigjährigen Karl durchgreifende Reformen erwarteten, einer gründlichen Täuschung. Zwar hatte des Papstes Intrige gegen seine Wahl bei dem Habsburger einen bitteren Geschmack hinterlassen, letzten Endes mußte er aber einsehen, daß nur der Papst die auch für seine Herrschaft unverzichtbare Einheit der Christenheit garantierte.

In seinem Schreiben an den Kurfürsten Friedrich von Sachsen trat Huttens persönliches Anliegen im Vergleich zu den bereits in den anderen Schriften vorgebrachten Angriffen gegen Rom in den Hintergrund: *Wiewohl aller Schande und Unreinigkeit voll, mit allen Übeltaten, Bosheiten und argem Leben verwickelt, sich ganz auswendig von Christi Lehre hält, so will* [er, der Papst] *doch an Gottesstatt geachtet und allein ein Haupt der ganzen Kirche und ein Oberhirt aller Christenheit genannt sein.*[174]

Auch hier rückt die durch deutsches Geld finanzierte kuriale Verschwendungssucht, deren Augenzeuge Hutten war, in den Mittelpunkt: *Dann ob ihr Deutschen wollt wissen, was doch unser Geld zu Rom mächte, will ich euch des, soviel ich gesehen, auch berichten: ... einen Teil zerstreutet der Papst Leo unter seine Neffen, Vettern und Freunde... einen Teil verzehren viele Hochwürdigsten* [Kardinäle], *deren Leo auf einen Tag einunddreißig gemacht hat, also viele Referendarien, Auditores, Protonotarien, Abbreviatores, päpstliche Kanzler und Schreiber, des Papstes Kämmerer, Offizial und dergleichen andere, die vornehmsten der römischen Kirchen. Welche danach weiter nach ihnen haben andere Ämter und Dienst, die auch mit großem Geld erhalten werden müssen, das sind Kopisten, Pedellen, Läufer, Köche, Einkäufer, Auskehrer, Eselskrätzer* [Eselstreiber]*; Stallbuben, ein unzählig Schar Huren und Buben und ein großes Heer der Ruffianer* [Kuppler]. *Solche halten Hunde, Pferde, Meerkatzen, Affen und anderes Getier von Lust wegen.*[175] *Werfen wir dasselbe Geld lieber in die Elbe,* scherzt Hutten, *und verlieren dasselbe lieber, dann daß wir sehen, wem es bleibt.*[176]

Damit jedermann Wissen habe, welches die Braut sei, darum man [ihm] *zu tanzen zugemutet* [habe][177], vollzog Hutten in jener Zeit auch den Schritt vom lateinschreibenden Humanisten mit begrenztem Leserkreis zum deutschschreibenden Volksschriftsteller mit größerem Publikum. Begründet hat er den Wandel in den Versen aus *Klang und Vormahnung*:

> *Latein ich vor geschrieben hab,*
> *das war ein jeden nicht bekannt.*
> *Jetzt schrei ich an das Vaterland*
> *Teutsch Nation in ihrer Sprach,*
> *Zu bringen diesen Dingen Rach.*[178]

Für einen Humanisten war das eine bedeutsame Entscheidung, und es müssen gewichtige Gründe gewesen sein, die Hutten zu diesem Schritt veranlaßten. Bekanntlich wurden zur Zeit des Humanismus in Deutschland – wie in den übrigen europäischen Ländern – zwei Sprachen gebraucht, Latein und Deutsch, wobei sich die beiden Idiome radikal in ihrem Geltungsbereich unterschieden. Die Volkssprache war Kommunikationsmittel der Ungelehrten, des Volkes, Latein nicht nur das internationale Verständigungsmittel der Kirche und Wissenschaften, sondern auch, vom humanistischen Standpunkt aus gesehen, allein würdiges Medium dichterischen Schaffens. Daraus ergab sich, daß sich zwischen dem Lateinischen und Deutschen ein «literarisches Bildungsgefälle» entwickelte[179], was zur Folge hatte, «daß jede Übersetzung... nicht nur einen Wechsel des nationalen Sprachgewandes, sondern auch des sozialen Sprachniveaus bedeutete»[180].

Hutten war sich dieses «Abstiegs» bewußt. In der Vorrede zum *Gesprächbüchlin* meinte er, daß das Büchlein *im latein viel lieblicher und künstlicher* [künstlerischer] *dann im Teutschen lauten mag*[181]. Sein Humanistenstolz hinderte ihn sogar zunächst daran, sich als Übersetzer zu identifizieren, wenn er behauptete, daß das Werk von einem *unbekannten Liebhaber der göttlichen Wahrheit und des Vaterlandes* übersetzt worden sei.

Da dem gebildeten Ritter jedoch klar geworden war, daß das durch seine lateinischen Schriften erreichbare Zielpublikum zur Mobilisierung der öffentlichen Meinung nicht ausreichend war, wandte er sich jetzt an ein breiteres Lesepublikum, allerdings nicht an «die breite Masse», wie oft behauptet wird. Davon konnte keineswegs die Rede sein, da nur 3 bis 4 Prozent der Gesamtbevölkerung lesen konnte.[182] Da Latein auf den kleinen Kreis der wissenschaftlichen, klerikalen und administrativen Führungsschicht beschränkt war, führt Hutten die Tatsache, daß er bisher nur in der Sprache der Römer geschrieben habe, als Entlastungsmaterial gegen den Vorwurf an, daß er einen breiten Aufstand anzetteln wollte: *Stets habe ich Aufruhr gemieden, wollte nicht Anführer eines Aufstandes sein, und damit ihr seht, wie wenig es meine Absicht war, einen Umsturz der öffentlichen Zustände herbeizuführen, habe ich auf lateinisch geschrieben, gleichsam daß ich sie* [die Fürsten] *unter vier Augen ermahne und nicht gleich das Volk zum Mitwisser mache.*[183]

Jetzt hatte sich jedoch die Situation geändert. Jetzt galt es, *das Volk zum Mitwisser* zu machen.

Das geschah zum erstenmal in der Mitte November 1520 erschienenen *Klag und Vormahnung gegen die übermäßige unchristliche Gewalt des Papstes zu Rom und der ungeistlichen Geistlichen*[184]. In diesem aus 1578 Versen bestehenden Gedicht wiederholte Hutten alle Motive und Themen, die er seit dem *Vadiscus* angeschlagen hat, aber nun in der damals beliebten Form des paarweise gereimten Vierhebers, der seit dem

17. Jahrhundert verächtlich Knittelvers genannt wurde. Mit den Fastnachtsspielen, mit Sebastian Brants «Narrenschiff» und den Dichtungen des Hans Sachs assoziieren wir dieses Metrum, das für unsere Ohren etwas Kräftiges, Derbes und Treuherziges hat. Als Thomas Murner 1515 Vergils «Aeneis» aus den episch daherschreitenden Hexametern in kurzatmige Knittelverse übertrug, war aus dem römischen Epos ein deutsches Volksstück geworden. Nicht nur auf den Holzschnitten hatte sich Troja in Alt-Nürnberg verwandelt. Auch Huttens Gedicht war für das Volk bestimmt. Die karge Versform zwang ihn außerdem zur Prägnanz des Ausdrucks, zur Kürze und schlagwortartigen Vereinfachung – alles Elemente, die die Agitation begünstigen.

Inhaltlich besteht das Gedicht aus der schon bekannten Mischung von reformatorischen und politischen Vorstellungen: einerseits Korruption des Klerus, Verschwendungssucht der Kurie und Aufdeckung der kirchlichen Einschüchterungsmechanismen wie Exkommunikations- und Bannandrohung sowie Verbrennung von Ketzern, andererseits politische Impotenz und mangelnder Einfluß der Deutschen. Daraus folgt der Entschluß zum Widerstand, notfalls mit Gewalt:

> *Herzu ihr frommen Teutschen all,*
> *mit Gottes Hilf, der Wahrheit Schall,*
> *ihr Landsknecht und ihr Reuter gut,*
> *und all die haben freien Mut,*
> *den Aberglauben tilgen wir,*
> *die Wahrheit bringen wieder hier.*
> *Und dweil das nit mag sein in gut* (in Güte)
> *so muß es kosten aber Blut.*[185]

Das Gedicht ist ein Stück Propaganda und als solches nicht frei von Übertreibungen, Unterstellungen und Verzerrungen. Die Zeit für Nuancen war vorbei.

Wie erfolgreich Hutten mit dieser und seinen anderen deutschen Schriften war, und wie stark er der protestantischen Sache half, belegen die zahlreichen Auflagen im 16. Jahrhundert. Darüber hinaus wirkte die *Klag und Vormahnung* bis ins 17. Jahrhundert. Als der Schwedenkönig Gustav II. Adolf mitten im Dreißigjährigen Krieg alle protestantischen Mächte gegen die Katholiken zu mobilisieren suchte, erschien die Schrift noch einmal unter dem Titel *Aufwecker teutscher Nation*.

Ulrich von Hutten war Realist genug, um zu wissen, daß Worte allein nicht genügten, diese tiefgreifenden Veränderungen in Deutschland herbeizuführen. Aus diesem Grund schloß er sich jetzt enger als vorher an Franz von Sickingen an. Durch geschickte Politik, klugen Geschäftssinn und militärische Gewalt hatte dieser sein ererbtes Gebiet beträchtlich erweitert und war am Mittelrhein zu einem bedeutenden Machtfaktor ge-

FRANCISCVS·VON·SICKINGEN

ALLEIN·GOT·DI·ER·LIEB
DEN·GE·MEINE·NVCZ·BESCH
IRM·DI·GERECHTIKÉI
I   H

Franz von Sickingen.
Kupferstich von
Hieronymus Hopfer,
um 1520

worden. In den Auseinandersetzungen um die Kaiserwahl nach Maximilians I. Tod hatte er für Karl V. Partei ergriffen. 1519 beteiligte er sich mit einem Kontingent am Feldzug gegen den geächteten Herzog Ulrich von Württemberg, bei welcher Gelegenheit ihn Hutten kennengelernt hatte.

In langen Gesprächen auf der Ebernburg hatte Hutten seinen Freund für die Gedanken Luthers gewonnen. Seine eigenen Schriften übersetzte er für den lateinunkundigen Sickingen, und Ende 1520 widmete er das *Gesprächbüchlin dem edlen, hochberühmten, starkmütigen und ehrenfesten Franzen von Sickingen, Kaiserlicher Majestät Rat, Diener und Hauptmann, meinem besonderen Vertrauten und tröstlichen guten Freund*[186]. Nicht nur habe Sickingen ihn *mit tröstlichen Worten*, sondern auch mit *hilftragender Tat* geholfen, sei ihm geradezu *vom Himmel herab zugefallen*[187]. Hutten sah aber in Sickingen nicht nur einen persönlichen Freund, der ihm in seiner *Herberge der Gerechtigkeit* Schutz geboten habe, sondern auch den Inbegriff vorbildlichen deutschen Adels: *Dann ohne Schmeichelei und Liebkosen zu reden, bist du, der zu dieser Zeit, da jedermann bedeucht [denkt], teutscher Adel hätte etwas an Strengheit der Gemüten abgenommen, dich dermaßen erzeigt und bewiesen hast, daß man*

Franz von Sickingen begrüßt Hutten auf der Ebernburg.
Holzschnitt nach einer Zeichnung von Camphausen

sehen mag teutsch Blut noch nit versiegen, noch das adelige Gewächs teutscher Tugend ganz ausgewurzelt sein.[188]

Diese Hochschätzung erfuhr noch eine Steigerung in den *Dialogi novi* (*Neue Dialoge*)[189], die Hutten im Januar 1521 erscheinen ließ. Hutten schrieb sie wieder auf lateinisch. Zu ihrer Verdeutschung kam er nicht mehr. War Sickingen nur der Empfänger des *Gesprächbüchlins*, trat er in diesen Dialogen als handelnde Person selbst auf. Der erste Dialog *Bulla vel Bullicida* (*Die Bulle oder der Bullentöter*) ist als kleines Drama konzipiert. Die *deutsche Freiheit* und *die Bulle* – gemeint ist die päpstliche Bannandrohungsbulle vom Juni 1520, die Hutten im Herbst mit bissigen Bemerkungen glossiert herausgegeben hatte – prügeln sich, wobei der Kampf so anschaulich beschrieben wird, daß der Leser vorübergehend vergißt, daß es abstrakte Gedanken sind, die sich auf dieser Bühne der Ideen herumbalgen. Das Ringen scheint schon zugunsten der Bulle entschieden zu sein, als die derartig in Bedrängnis geratene Freiheit ausruft:

Zu Hilfe, ihr Bürger! Beschützt die unterdrückte Freiheit! Wagt denn keiner, mir beizustehen? Ist kein wahrhaft Freier da? Keiner, der sich um Ehrlichkeit bemüht, Billigkeit schätzt, Trug haßt und Recht liebt, Verbrechen verabscheut? Ist kein echter Deutscher da?[190] Das ist das Stichwort für Huttens dramatischen Auftritt. Bevor er aber, unterstützt von dem inzwischen erschienenen Franz von Sickingen, seinen ritterlichen Mut beweisen kann, platzt die Bulle von selbst – Hutten spielt hier mit der Doppelbedeutung des lateinischen «bulla», das Blase und päpstlicher Erlaß heißen kann. Unter infernalischem Gestank quellen Treulosigkeit, Geiz, Meineid, Verschwendungssucht und ein ganzer Schwarm anderer Laster heraus.

Gegen so lebendige Dramatik verblassen die beiden mittleren Dialoge, *Monitor primus et secundus* (*Der erste und der zweite Warner*). Hier werden in sachlich ruhiger Argumentation die Bedenken erörtert, die inzwischen, also gut drei Jahre nach dem Thesenanschlag, gegen Luthers Programm laut geworden sind. Artikuliert werden diese Bedenken von einem Geistlichen, der nach seiner anfänglichen Begeisterung für Luthers Lehre erhebliche Zweifel bekommen hat: die evangelische Lehre reduziere die Kirche zur Armut, beraube sie ihres früheren Glanzes und gefährde die Stellung der Geistlichen. Während aber im *Monitor primus* der evangelische Gesprächspartner, kein geringerer als Luther, den Skeptiker nicht zu überzeugen vermag, gelingt es Franz von Sickingen im *Monitor secundus* einen ähnlich skeptischen Zweifler für ein solches Vorgehen gegen den Klerus zu gewinnen. Nicht Luther, sondern Sickingen wird hier von seinem ritterlichen Freund zum wahren Führer der protestantischen Revolution hochstilisiert.

War das Ziel der zwei Warner-Dialoge, Unschlüssige durch Argumentation umzustimmen, so wandte sich Hutten in dem letzten der vier Dialoge, den *Praedones* (*Räubern*), gezielt an die Kaufleute und Städter, einer Klasse, für die er bisher nur Verachtung gezeigt hatte, die diese auch den Rittern erwidert hatten. Aus dieser traditionellen gegenseitigen Geringschätzugn erklärt sich die Eingangssituation. Als der Kaufmann Hutten ein *Räuberchen* (*praedonulus*) nennt, schleudert ihm dieser die folgenden Worte entgegen: *Ich sage dir wahrhaftig, sicher und gewiß, wenn du nicht deine Frechheit mäßigest und zur Einsicht kommst und bescheidener wirst, werde ich dir erstens deine Backen und das ganze Gesicht zerdreschen, dann die Zähne mit meinen Fäusten reihenweise einschlagen; hierauf dir die Seiten massieren, daß dir die Rippen krachen, bis du endlich erschöpft, halbtot hier im Dreck liegenbleibst und Saffran grammweise und Pfeffer pfundweise scheißt.*[191] Obwohl sich das im Originallatein weniger drastisch anhört, fragt man sich, wie es nach diesen groben Beleidigungen doch noch zu einer Versöhnung kommen konnte, die dann auch noch durch Händedruck besiegelt wird. Verantwortlich dafür war die brillante Überredungskunst Huttens, der den nicht unberechtigten Vorwurf des

Kaufmanns, Ritter seien Räuber, umdreht und als die wahren Räuber die Kleriker, also die gesamte kirchliche Hierarchie, bezeichnet. Gegen derartig raffiniert formulierte Dialektik ist der Kaufmann machtlos. Huttens Vorschlag für ein Bündnis von Rittern und Städtern entsprang der realistischen Einsicht, daß nur mit Hilfe der finanzstarken Städte der von ihm geplante Aufstand gegen die kirchliche Hierarchie finanziert werden konnte: *Sie haben Kräfte und Geld im Überfluß, so daß, wenn es zum Kriege kommt, wozu es meines Erachtens kommen muß, sie die Muskeln zu liefern vermögen.*[192]

Die Koalition mit den Städten blieb eine Utopie. Der Dialog jedoch als Überredungsinstrument wurde konstitutiv für die gesamte Flugschriftenliteratur der Reformationszeit. Hutten hat diese literarische Gattung nicht nur begründet, sondern auch durch die Qualität seiner eigenen Dialoge Beispiele geschaffen, denen künftige Literaten nacheifern konnten.

Der Reichstag zu Worms
und die Folgen

«Ein Epochenereignis» und den «zentralen Kulminationspunkt des Reformationszeitalters»[193] hat man den Reichstag zu Worms genannt. Denn
während dieser Versammlung am 18. April 1521 verweigerte Martin Luther vor Kaiser und Fürsten den Widerruf seiner Lehren und vollzog damit den Bruch mit der katholischen Kirche. Dazu gehörte ungeheurer
persönlicher Mut und großes Selbstvertrauen, und mit Recht hat sich die
Szene, in der der Wittenberger Mönch in dem überfüllten Wormser Ver-
sammlungssaal sein klares historisches Nein sprach, dem Bewußtsein der
Nachwelt eingeprägt. Unzählige Male ist sie in der bildenden Kunst dargestellt worden.

Als der Reichstag am 28. Januar 1521 eröffnet wurde, war die Stimmung in Deutschland gereizt und nicht zuletzt dank Huttens Agitation
äußerst Rom-feindlich. Der päpstliche Nuntius Hieronymus Aleander
meldete besorgt in seinen Depeschen nach Rom, daß «neun Zehntel ‹Luther› schreien und das letzte Zehntel, wenn es sich nicht um die Worte
Luthers kümmert, wenigstens ‹Tod dem römischen Hof› ruft»[194].

Neben Luther war es jedoch Hutten, der in diesen Monaten am meisten
im öffentlichen Bewußtsein stand. Als Wortführer der antirömischen Op-
position schleuderte er seine schärfsten Angriffe gegen die *Romanisten
und Kurtisanen*, wie er sie meistens verächtlich nannte. Ein Holzschnitt
zeigt ihn, wie er den Triumphzug der Wahrheit anführt. Der fränkische
Ritter war eine Macht, mit der man rechnen mußte. Einen Eindruck davon vermitteln die Worte eines kursächsischen Rats an einen Nürnberger
Freund: «Von Luther ist hier viel Redens; aber es kommt jetzt Herr Ulrich von Hutten mit soviel seltsamen Schriften hervor, daß er schier böser
und die Römischen ihm feinder sind als Dr. Ludern; die Gelehrten sagen,
er schreibe Wunderdinge.»[195]

Ulrich von Hutten, der auf der etwa 45 Kilometer von Worms entfern-
ten Ebernburg fast täglich über das Geschehen in dieser Stadt unterrich-
tet wurde, steigerte seine Agitation, als er Ende März von dem sogenannten Sequestrationsmandat erfuhr, das die Einziehung der lutherschen
Schriften, wenn auch nicht ihre Verbrennung befahl. Damit glaubte er,
würde der Fall Luther eindeutig präjudiziert. In einer Reihe von Invekti-

Luther vor dem Reichstag. Holzschnitt, 1557

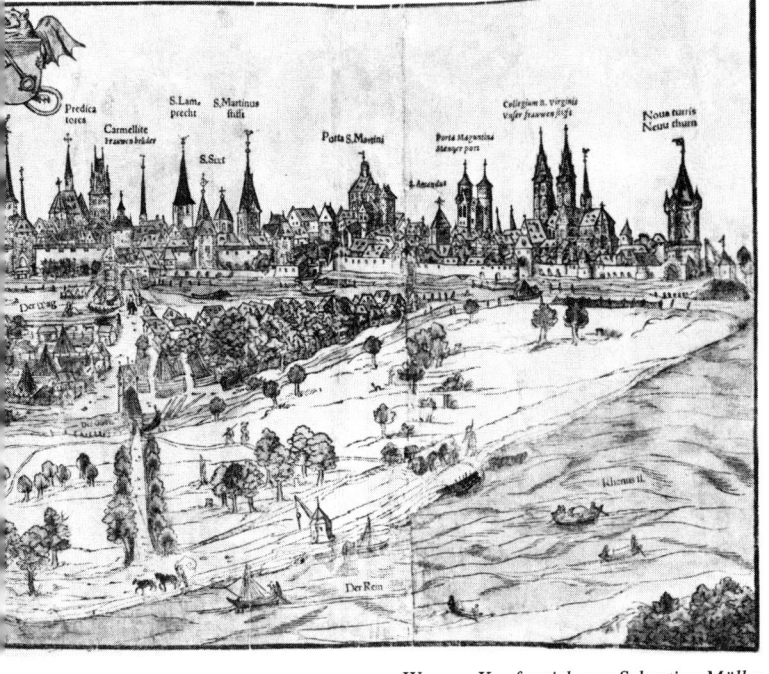

Worms. Kupferstich von Sebastian Müller

ven gegen die beiden päpstlichen Nuntien Aleander und Caraccioli sowie gegen die höhere deutsche Geistlichkeit machte er seiner Empörung Luft, indem er nicht nur die bekannten Anklagen und Beschuldigungen wiederholte, sondern gleichzeitig unverhüllte Drohungen zufügte: *Darum mache dich fort von hier, mache dich fort. Denn was zögerst du noch, Bösewicht? Was suchst du Aufschub, du schlimmster aller Diebe, die jemals hier gestohlen haben? Du gewalttätigster aller Räuber, aller Betrüger verschlagenster, listigster, unverschämtester, ruchlosester! Das, wisse, ist die letzte Ermahnung zu deiner Sicherheit. Lerne der Feder gehorchen, damit du nicht genötigt wirst, dem Schwerte zu weichen.*[196] Den zwei Legaten versicherte er, er überwache jeden ihrer Schritte und werde alles tun, daß sie nicht lebend aus dem Lande kommen. Darf man es den Nuntien angesichts dieser Worte verdenken, wenn sie ihr Leben in Gefahr sahen? Nach Rom berichtete Aleander: «Gegen uns erhebt sich eine Legion armer deutscher Edelleute, die nach dem Blute des Klerus dürstend, unter Huttens Führung am liebsten gleich über uns herfielen.»[197]

Gleichzeitig suchte Hutten in diesen Schmähschriften die Empfänger mit der Behauptung einzuschüchtern, daß Luther und er nur die Reprä-

109

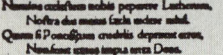

Luther und Hutten als Befreier. Einblattdruck, 1521

sentanten einer breiten Volksbewegung seien. Wenn ihnen etwas zu-
stoße, käme es zu einem allgemeinen Aufstand: *Denn an zwei Menschen
liegt nicht so viel: wißt, daß es noch viele Luther, viele Hutten gibt. Und
wenn uns etwas zustoßen sollte, so droht euch um so größere Gewalt von
anderen, weil sich dann mit den Verfechtern der Freiheit die Rache des
Unrechts verbinden wird.*[198]

Sind Rom und seine Vertreter der eindeutige Feind, so setzte er immer
noch große Hoffnungen auf Karl V., den er überreden möchte, sich an die
Spitze derer zu setzen, die *das römische Joch* abschütteln wollen. Diesem
Ziel diente nicht nur ein persönlicher Brief an den Kaiser, sondern auch
ein Pamphlet mit dem Titel *Anzeige wie allerwegen sich die römischen
Bischöfe und Päpste gegenüber den deutschen Kaisern gehalten haben.* Es
ist ein Abriß des jahrhundertelangen Konflikts zwischen Kaiser und
Papsttum und der wenig honorigen Art, wie die deutschen Kaiser von den
Päpsten behandelt worden sind. An prominenter Stelle am Anfang der
Schrift steht ein Zitat von Karls Großvater, des zu seinen Lebzeiten in
ganz Deutschland beliebten Maximilian: *Nun ist der Papst auch zu einem
Bösewicht an mir geworden, und mag sagen, daß kein Papst, so lang ich
gelebt, je Treu' und Glauben gehalten hat, hoff, ob Gott will, der soll der
letzte sein.*[199]

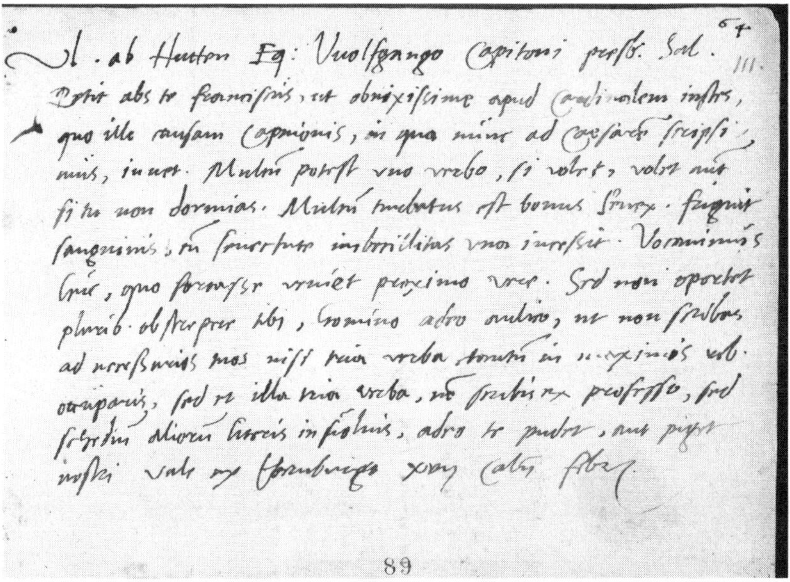

[Handwritten Latin letter]

VL . ab Hutten Eq: Vuolfgango Capitoni persc. Sal.

Petit abs te Franciscus, ut obnixissime apud Cardinalem instes, quo ille causam Capnionis, in qua nunc ad Caesarem scripsimus, iuvet. Multum potest uno verbo, si volet, volet uti fita non dormias. Multum turbatus est bonus Fuuer, frequit sanguinis, in seruertute imbecillitas non incessit. Vereminus Cruz, quo frumeter veniet proximo vice. Sed non oportet pluris obsterper ibi, homino adeo audivo, ne non frudbas ad necessitas mos nist vica verba, tantum in maximis obturpavit, sed re illa via verba, ne pratiu ex professe, sed solreben aliven literis insolitis, adeo te pudor, aut pige inster vale ex Ebenbergis xvij cales febreg.

Hutten an Wolfgang Capito, 16. Januar 1521

Triumph der Wahrheit. Holzschnitt, 1520

Ein Weltmeer könne man mit Huttens Schriften vergiften, meldete Aleander nach Rom. Angst vor Huttens Agitation verband sich aber mit Furcht vor einem handstreichartigen Überfall auf Worms durch das Heer des Franz von Sickingen. Dieser hatte vor Jahren Worms mit der Drohung einer Einnahme und Plünderung eine stattliche Summe abgepreßt. Die Furcht war real.

Vor diesem Hintergrund muß man den Versuch einiger kaiserlicher Berater sehen, Hutten in diesem wichtigen Augenblick, also kurz vor dem Eintreffen Luthers, zu neutralisieren. Mit dieser delikaten Mission wurden der kaiserliche Rat Paul von Armstorff und der Beichtvater Karls, Jean Glapion, beauftragt. Vom 6. bis zum 8. April blieben sie auf der

Hieronymus Aleander

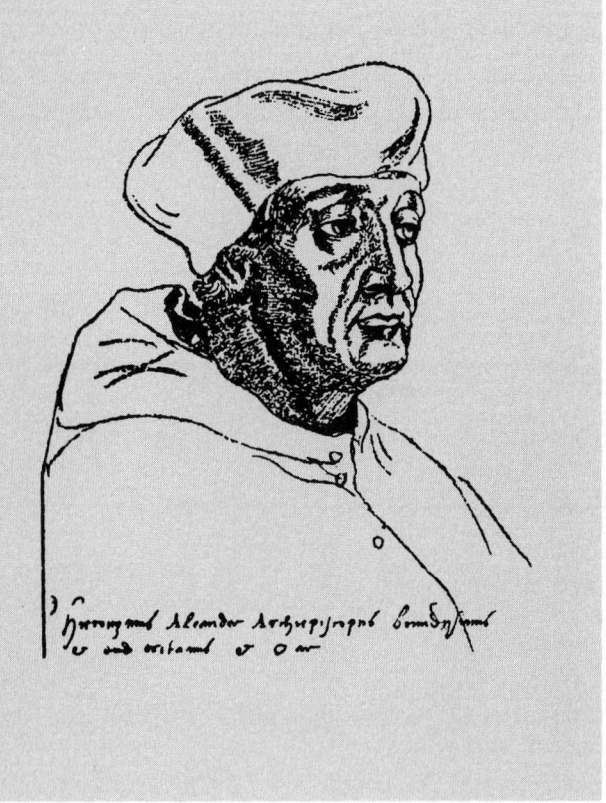

Die Ebernburg bei Kreuznach

Ebernburg, um Huttens agitatorische und Sickingens militärische Zurückhaltung zu erreichen. Im Gegenzug versprachen die kaiserlichen Vertrauensleute Reformen und versicherten, daß Luther bei seinem bevorstehenden Aufenthalt nichts geschehen würde. Außerdem wurde dem fränkischen Ritter eine jährliche kaiserliche Pension von 200 Gulden versprochen. Alle Maßnahmen gegen ihn sollten eingestellt werden. Hutten und Sickingen wurden ferner gebeten, Luther, der sich schon auf dem Weg nach Worms befand, von seinem Gang dahin abzuhalten und ihm Zuflucht auf der Ebernburg anzubieten.

Man hat Hutten vorgeworfen, er habe die Abmachung «schnöden Gewinnes wegen» (Kalkoff) getroffen. Das ist sicherlich falsch. Seine Hoffnung war immer gewesen, daß der Kaiser sich an die Spitze einer deutschen Kirchenreform setzen würde. Aus zwei Gründen glaubte Hutten die Bedingungen annehmen zu können: einmal erweckten Glapion und Armstorff, den er noch aus seiner Mainzer Zeit kannte und dem er vertraute, den Eindruck, daß Reformen möglich und der Kaiser zu Konzessionen bereit sei; zum anderen aber versicherte ihm sein Mitarbeiter und

Ratgeber Martin Bucer, der die fachtheologischen Diskussionen mit den kaiserlichen Abgesandten geführt hatte, daß die Gräben zwischen Luther und der alten Lehre überbrückbar seien. Falls Hutten letzte Zweifel gehabt hatte, drängte ihn sicherlich sein Schutzherr Sickingen, der noch in kaiserlichen Diensten stand und dem der Kaiser 20 000 Gulden schuldete, zur Annahme.

Martin Luther, dem das Angebot der beiden Ritter in Oppenheim überbracht wurde, lehnte ab. Er wolle nach Worms, «wenn gleich so viele Teufel drinnen wären als immer Ziegel auf den Dächern wären».

In den folgenden Wochen hielt sich Hutten an die mit den Unterhändlern des Kaisers getroffene Übereinkunft, obwohl ihm diese erzwungene Untätigkeit schwerfiel. Am Vorabend von Luthers Auftritt schrieb er an einen Freund: *Wenn ich doch dabei sein könnte und den Dingen Schwung verleihen könnte.*[200] Erst allmählich wurde ihm klar, daß er einem fein gesponnenen Intrigenspiel zum Opfer gefallen war, dessen Ziel es war, ihn zum Schweigen zu bringen: Luther war die Möglichkeit, sich in einer Disputation zu verteidigen, verweigert und lediglich die Gelegenheit zu einem Widerruf zugestanden worden. Bereits einen Tag nach der Widerrufsverweigerung verlangte Karl V. von den Reichsständen, die Acht über den Wittenberger Professor auszusprechen. Huttens Empörung kannte keine Grenzen: *Jetzt muß sich zeigen, ob Deutschland Fürsten hat, oder ob es von geputzten Statuen regiert wird.*[201] Am 8. Mai verhängte der Kaiser die Reichsacht über Luther, die als «Wormser Edikt» jedoch erst am 26. Mai veröffentlicht wurde. Zu diesem Zeitpunkt hatte Luther Worms längst verlassen und war durch einen fingierten Überfall, den sein Landesherr Friedrich der Weise von Sachsen inszeniert hatte, auf der Wartburg in Sicherheit gebracht worden.

Jetzt, nachdem alle erhofften Reformen gescheitert waren, der Kaiser sich eindeutig für Rom entschieden und Luther zum geächteten Ketzer erklärt hatte, wäre für Hutten der Zeitpunkt gewesen, seine Drohungen in die Tat umzusetzen. Daß er schwieg, erregte den Zorn der radikaleren Elemente der Reformbewegung: Aus Worms höhnte Hermann von dem Busche: «Hunde, die bellen, beißen nicht.»[202]

Warum schwieg Hutten und tat nichts? War es Rücksicht auf Sickingen, auf dessen Hilfe er angewiesen war? Hoffte er immer noch auf einen günstigen Ausgang, den er durch vorschnelles Handeln nicht gefährden wollte? Oder fühlte er sich noch an die Vereinbarung gebunden, die die kaiserliche Partei schon längst gebrochen hatte? Was immer die Gründe, Hutten hat in diesen Wochen durch sein Schweigen und seine Untätigkeit viel an Prestige und Glaubwürdigkeit eingebüßt. Erst am 25. März kündigte er sein Verhältnis zum Kaiser und begann einige Wochen später jenen fatalen Kleinkrieg, der als «Pfaffenkrieg» in die Geschichte eingegangen ist.

In dieser Situation schrieb Hutten im Sommer 1521 das Lied *Ich habs gewagt mit Sinnen*, «das mächtigste weltliche Gedicht zwischen Walther von der Vogelweide und Klopstock» (Gundolf):

Ich habs gewagt mit Sinnen
  Und trag des noch kein Reu,
Mag ich nit dran gewinnen,
  Noch muß man spüren Treu;
Darmit ich mein
  Nit eim [einem] allein,
Wenn man es wollt erkennen:
  Dem Land zu gut,
Wie wohl man tut
  Ein Pfaffenfeind mich nennen.

Da laß ich jeden liegen [lügen]
  Und reden was er will;
Hätt Wahrheit ich geschwiegen,
  Mir wären Hulder viel.
Nun hab ichs gesagt,
  Bin drumb verjagt,
Das klag ich allen Frummen,
  Wiewohl noch ich
Nit weiter fleich [fliehe],
  Vielleicht werd wiederkummen.

Umb Gnad will ich nit bitten,
  Dieweil ich bin ohn Schuld;
Ich hätt das Recht gelitten,
  So hindert Ungeduld,
Daß man mich nit
  Nach altem Sitt

Zu Ghör hat kummen lassen;
  Vielleicht will Gott,
  Und zwingt sie Not,
    Zu handlen diesermaßen.

Nun ist oft diesergleichen
  Geschehen auch hie vor,
Daß einer von den Reichen
  Ein gutes Spiel verlor;
Oft großer Flamm
  Von Fünklin kam,
Wer weiß, ob ichs werd rächen;
  Staht [steht] schon im Lauf,
So setz ich drauf:
  Muß gahn oder brechen.
    . . .
Ob dann mir nach tut denken
  Der Kurtisanen List,
Ein Herz laßt sich nit kränken,
  Das rechter Meinung ist.
Ich weiß noch viel,
  Wölln auch ins Spiel,
Und solltens drüber sterben:
  Auf, Landsknecht gut
  Und Reuters Mut,
    Laßt Hutten nit verderben![203]

Edel von Stañ/Lehr vnd verstand/
Ein Held zugleich mit Fauſt vnd Hand/
Die Freyheit vnd auch ware Lehr/
Bſchütz ich im Leben mit Mund vnd wehr.

Starb im Jar. 1 5 2 3.

Hutten. Holzschnitt, 1587

Oft große Flamm' von Fünklein kam:
Huttens Pfaffenkrieg

Der Reichstag zu Worms bedeutete für Hutten einen Höhe- und einen
Tiefpunkt zugleich: Höhepunkt, weil er danach nie wieder dermaßen im
Mittelpunkt des öffentlichen Interesses stehen sollte; Tiefpunkt, weil ihm
auf schmerzliche Weise die Grenzen seiner publizistischen Wirksamkeit
klargemacht worden waren. Oft genug hatte Hutten lautstark mit Gewalt
gedroht. Waren das leere Worte gewesen? Um nicht zum Gespött seiner
Anhänger zu werden, vielleicht aber auch, weil er in diesem Augenblick
handeln zu müssen glaubte, begann er jetzt einen aus Einzelaktionen bestehenden Kleinkrieg gegen die *Romanisten und Kurtisanen*. Der dafür
üblich gewordene Begriff «Pfaffenkrieg» ist eigentlich falsch, denn nicht
um einen Krieg, sondern um eine Reihe von Fehden, oder besser Fehde-
androhungen, handelt es sich. Soweit bekannt ist wurde kein Tropfen
Blut vergossen. Hutten erhoffte sich von diesen Einzelaktionen eine In-
itialzündung für einen allgemeinen Aufstand gegen die römische Vorherrschaft in Deutschland, oder wie er selbst sagte: *Oft große Flamm' von
Fünklein kam.*[204]

Das erste *Fünklein*, von dem er sich die Entfachung des Brandes versprach, war ein versuchter Überfall auf die rheinabwärts ziehenden päpstlichen Nuntien Aleander und Caraccioli. Obwohl Hutten wegen des starken kaiserlichen Geleitschutzes für die beiden Legaten schnell davon ab-
ließ, schüchterte er Aleander dermaßen ein, daß jener aus Italien dem
Papst berichtete, er traue sich nicht nach Deutschland zurückzukehren,
da er ständig einen Überfall des «Räubers in Kleinformat» (ladroncello)
befürchte.

Ohne Blutvergießen verlief auch die Fehde mit den Straßburger Kar-
thäusermönchen, die ihn beschuldigt hatten, mit Hilfe des dortigen
Druckers Hans Schott zwei ihrer Ordensbrüder aus dem Kloster entführt
zu haben. Um seiner Verachtung gegenüber dem Luther-Freund Hutten
sinnbildlichen Ausdruck zu verleihen, hatte der streng altgläubige Prior
außerdem einige Bildnisse des fränkischen Ritters *zur Säuberung unreini-
ger Leibesorten (wie das dann klärlicher zu schreiben Scham trägt)* gebraucht.[205] Den Karthäusern kam diese scherzhafte Handlung ihres Vorge-
setzten teuer zu stehen. Unter Gewaltandrohung forderte Hutten eine

Ehrenerklärung und 10000 Gulden Entschädigung. Aus Furcht vor dem hinter Hutten stehenden Heer Sickingens gaben die Mönche bereitwillig die geforderte Ehrenerklärung ab, vermochten aber die Schadenersatzforderung auf 2000 Gulden herunterzuhandeln.

Weniger profitabel für Hutten verlief die Angelegenheit mit der Stadt Frankfurt, in der sein alter Feind, der Pfarrer Dr. Peter Meyer in Wort und Schrift gegen den Ritter hetzte. In einer Reihe von Drohbriefen und Klageschriften forderte Hutten Rat und Bürgermeister der Stadt auf, sie mögen sich *genannten Dr. Peters gänzlich entschlagen, ihn als einen eingelassenen Wolf unter die Schafe, als einheimisches Gift und vorletzliche Pestilenz aus ihrer Stadt entfernen*[206]. Die stolzen Reichsstädter, die einige Jahre später selber den streitbaren Geistlichen davonjagten, wiesen darauf hin, daß Meyer wie jeder andere Bürger den Schutz der Stadt genieße. Nichts geschah. Einen ebenso geringen Widerhall erfuhr er in der Stadt Worms, die Hutten im Juli 1522 zu Gewalttaten gegen ihren reformfeindlichen Bischof aufforderte.[207]

Ulrich von Huttens Aktionen zwischen Mai 1521 und Sommer 1522 stellen kein Ruhmesblatt in seinem Leben dar, und selbst ihm wohlgesonnene Kritiker tun sich schwer, sie gutzuheißen. Gewiß, man kann alle möglichen Entschuldigungen vorbringen, und sicherlich ist es zum Beispiel falsch, seine Fehde mit den Straßburger Karthäusern mit unserem Rechtsempfinden als schlichte Erpressung zu verurteilen. Obwohl das alte Fehderecht seit 1495 verboten war, mag sich der Ritter subjektiv nach der ihm zugefügten Ehrverletzung dazu berechtigt geglaubt haben, da ihm nach geltendem Recht keine Genugtuung widerfahren war. Menschlich verständlich ist es auch, wenn er, dessen furchtbare Krankheit ihn immer mehr zeichnete, und der sich bewußt wurde, daß seine Uhr unerbittlich ablief, noch durch Taten zu wirken versuchte, zumal seine Worte so wenig auszurichten vermocht hatten. Schließlich mag er geglaubt haben, daß es in dem Pulverfaß Deutschland wirklich nur des Fünkleins bedurft hätte, um einen allgemeinen Brand zu entfachen. Sicher ist, daß zwischen seinen einstigen hochfliegenden reformatorisch-politischen Plänen und dem blinden Aktionismus dieser Minifehden eine traurige Kluft gähnte.

Solange Hutten hinter den festen Mauern der Sickingschen Burgen Schutz fand – vom Juni bis November 1521 verbarg er sich auf Burg Diemerstein bei Kaiserslautern, vom Mai bis September 1522 auf der Ebernburg und Burg Landstuhl –, konnte ihm nicht viel geschehen. Das mußte sich aber in dem Moment ändern, als Sickingens Macht zu wanken begann. Das geschah in der zweiten Hälfte des Jahres 1522.

Wie Hutten mit seinen begrenzen Mitteln, so glaubte Sickingen in größerem Rahmen die politisch-kirchlichen Verhältnisse ändern zu können. Als geeignetes Ziel für einen Überfall empfahl sich das Erzbistum Trier und dessen Kurfürst Richard Greifenclau. Weil er bei der Kaiserwahl zunächst für den französischen König Franz I. gestimmt hatte, hatte er sich bei den Habsburger-freundlichen Kräften in Deutschland verdächtig gemacht, weshalb Sickingen auf Verständnis in diesen Kreisen für sein Vorhaben zu hoffen glaubte. Da es sich außerdem um einen geistlichen Kurfürsten handelte, konnte Sickingen das Unternehmen sogar als einen Kampf gegen die Kirche und Beginn des Kreuzzugs gegen «die Romanisten» darstellen. Von der angeblich unter dem geistlichen Regiment leidenden Bevölkerung erhoffte er Beistand im Innern.

Als Sickingen am 8. September 1522 mit einem Söldnerheer und einem beträchtlichen Kontingent von Rittern vor Trier erschien, zeigte sich, daß der Erzbischof bestens vorbereitet war und mit Schwert und Brandfackel ebensogut umzugehen verstand wie mit Gebetbuch und Abendmahlkelch. Auf dem Marktplatz musterte der «deutsche Julius II.», wie ihn die Zeitgenossen in Erinnerung an den martialischen Papst gelegentlich nannten, persönlich die Verteidigungstruppen, und er hätte auch eine vor den Toren der Stadt liegende Proviantscheune eigenhändig in Brand gesteckt, damit sie nicht in Feindeshand falle, wenn ihn nicht ein Soldat mit dem Hinweis auf sein geistliches Amt daran gehindert hätte. Während der Belagerung und Beschießung eilte er anfeuernd auf der Stadtmauer hin und her.

Bei so tüchtiger Verteidigung vermochten auch Sickingens beste Geschütze nicht viel auszurichten. Nur «eine Elster, zwei Hühner und eine Maus» seien bei der Belagerung ums Leben gekommen, spottete ein zeitgenössischer Chronist.[208] Sickingens Hoffnung, ein Aufstand der Bürger gegen ihren geistlichen Herrscher würde die Verteidigungsbereitschaft lähmen, erwies sich ebenfalls als Illusion. Da zudem die Verbündeten des Kurfürsten, Landgraf Philipp von Hessen und Pfalzgraf Ludwig, mit ihren Heeren nahten, brach Sickingen bereits am 14. September die Belagerung ab, entließ sein Heer und verschanzte sich in seinen Burgen. Hilfegesuche, die er bis ins ferne Böhmen gesandt hatte, blieben unbeantwortet. Die Sieger hielten sich zunächst an den Besitzungen und Burgen der Ritter schadlos, die an diesem Feldzug teilgenommen hatten, trafen dann aber Anstalten, die Ebernburg und Burg Landstuhl selbst zu belagern. Mitte Oktober verhängte das Nürnberger Reichsgericht die Acht über Sickingen und alle, die sich weigerten, den «Reinigungseid» zu leisten, das heißt sich öffentlich von Sickingen zu distanzieren.

Für Hutten, der wahrscheinlich aus Gesundheitsgründen gar nicht an dem Feldzug teilgenommen hatte, bedeutete das Scheitern Sickingens auch das Ende seines Aufenthalts in Deutschland. Vor der drohenden Belagerung entließ Sickingen alle nicht waffenfähigen Männer, darunter den kranken fränkischen Freund. Der neue Papst Hadrian VI. forderte den Vertreter des Kaisers, Erzherzog Ferdinand, auf, gegen den «mohammedanischen Ansturm Huttens, der gefährlicher sei als die Einfälle der Türken»[209], einzuschreiten. Huttens Sicherheit war von allen Seiten bedroht. Die kirchlichen Autoritäten hatten noch seine unmäßigen Angriffe und Drohungen im Ohr; die weltlichen Behörden betrachteten ihn als Verbündeten des Reichsfeindes Sickingen. Die Städte, die er jahrelang als Brutstätten verweichlichenden Luxus gebrandmarkt, und deren Bewohner er als «Krämerseelen» verspottet hatte, zeigten ihm die kalte Schulter. Der Adel war durch das Sickingen-Fiasko eingeschüchtert. Und die Humanisten schließlich, für deren Ziele er so unerschrocken gekämpft hatte, klammerten sich ängstlich an ihre Gönner. Hutten war isoliert.

In seiner *Vormahnung an die freien und Reichsstädte* hatte der ritterliche Humanist gesagt: *Ich weiß, ich werd' noch Lands verjagt.*[210] Jetzt war diese düstere Prophezeiung in Erfüllung gegangen. Mitte November 1522 verließ Hutten Deutschland und begab sich nach Basel in die Schweiz.

Nach Deutschland kehrte er nie wieder zurück.

Huttens Ende

Es gehört zur Tragik Huttens, daß die wenigen Monate, die ihm noch blieben, ausgerechnet von dem Zerwürfnis mit dem Mann überschattet wurden, den er von allen europäischen Humanisten am meisten geschätzt hatte: Erasmus von Rotterdam.

In der seit 1514 bestehenden Freundschaft waren seit 1520 ernste Risse entstanden, die mit der unterschiedlichen Beurteilung Luthers zu tun hatten. Gereizt reagierte Hutten in diesem Jahr, als er merkte, daß Erasmus gegenüber der evangelischen Lehre und gegenüber Luther auf Distanz ging. Am 15. August 1520 schrieb er: *Was Luther angeht, so verdammst Du, daß er Felsen bewegen wollte, obwohl Du in allen Deinen Schriften denselben Sumpf behandelt hast... Du verlierst Deine Glaubwürdigkeit. Auf diese Weise schadest Du uns ohne jene zu besänftigen.*[211] Das waren Worte, die den Kernpunkt des Streits genau trafen.

Erasmus war in einer schwierigen Lage. Er wurde in Löwen von seinen konservativen Kollegen angefeindet, die das böse Wort verbreiteten, Luther brüte das Ei aus, das Erasmus gelegt habe. Tatsächlich hatte keiner schärfer und erbarmungsloser die kirchlichen Mißstände angegriffen als der holländische Humanist. Schließlich verließ er deshalb 1521 die alte Universitätsstadt in den damaligen Niederlanden, um sich in Basel unbehelligt in engster Nähe zu seinem Drucker Froben seinen wissenschaftlichen Arbeiten zu widmen. Zur Enttäuschung der Lutheraner erklärte er sich aber keineswegs für die neue Lehre und scheint, zumindest innerlich, mit dem Reformator gebrochen zu haben, nachdem dieser in seiner Schrift «Von der Babylonischen Gefangenschaft der Kirche» die traditionelle Sakramentslehre angegriffen hatte. In einem Brief schrieb er: «Mich berührt es nicht, ob sie [die päpstlichen Gegner] ihn [Luther] lieber gesotten oder gebraten haben wollen.»[212] Das war im März 1521, knapp vier Wochen vor Luthers Wormser Auftritt.

Inzwischen hatte sich die politische Situation weiter verschärft: Luther und Hutten waren geächtet worden, Sickingens Feldzug war fehlgeschlagen, in mehreren deutschen Städten waren Unruhen entstanden – alles Gründe, den auf langsame evolutionäre Prozesse vertrauenden Erasmus gegenüber der lutherischen Bewegung noch skeptischer zu machen.

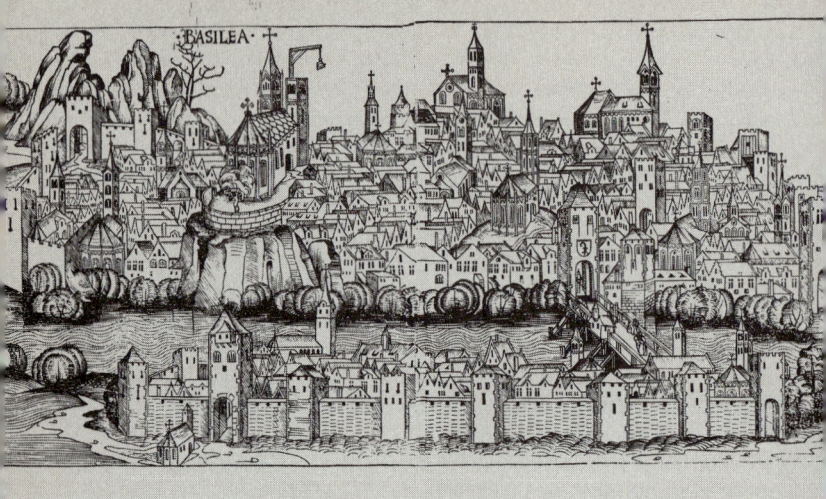

Basel. Holzschnitt aus der «Schedelschen Weltchronik», 1493

Erasmus von Rotterdam.
Gemälde von
Hans Holbein d. J., 1523

«Warum soll wegen irgendwelcher Paradoxa der ganze Erdkreis in Tumult geraten?»[213]

Das war die Situation, als Hutten den Holländer in Basel aufsuchen wollte: einerseits war Erasmus ein Mann mit besten Kontakten zu Bischöfen, Kardinälen und der römischen Kurie, andererseits wurde er aber auch von den Humanisten und Lutheranern, die ihn als Bundesgenossen betrachteten, geschätzt. Aber gerade weil er sich nie öffentlich klar für eine Partei bekannt hatte, wurde er von seinen katholischen Feinden als Luther-Anhänger, von den Evangelischen als «Papist» verdächtigt. Er war ein Mann zwischen den Stühlen. Zwingli schrieb über ihn: «Er ist ein Greis; er will seine Ruhe; aber jede Partei sucht ihn auf ihre Seite zu ziehen. Er will sich aus diesen menschlichen Parteiungen heraushalten – wer wollte ihm das verübeln? Lutherfreund will er nicht sein, aber auch nicht Luthergegner.»[214]

An diesen Mann wandte sich Hutten, als er im November 1522 mit der Bitte nach Basel kam, ihn zu empfangen. Erasmus schlug sie ab. Seine Weigerung, den einst so geschätzten «Liebling der Musen» auch nur zu sehen, hatte wahrscheinlich den einfachen Grund, daß er sich durch den Besuch des berüchtigten Revolutionärs nicht kompromittieren lassen wollte. Eine Reihe von sekundären Motiven mag mitgespielt haben: Angst vor einer heftigen Auseinandersetzung, auf der Hutten bestanden hätte, die Befürchtung, von dem mittellosen Flüchtling um Geld angegangen zu werden, und schließlich Furcht vor Ansteckung.

Ende Januar 1523 legte der Basler Rat dem exilierten Ritter nahe, die Stadt zu verlassen, eine Bitte, die Erasmus zu der ironischen Bemerkung veranlaßte: «Ich gestehe, daß es ein schöner menschlicher Zug war, Hutten aufzunehmen, aber noch ein schönerer, ihn wieder wegzuschicken.»[215]

Im Augustinerkloster im oberelsässischen Mülhausen fand Hutten für die nächsten vier Monate Zuflucht. Dort kam ihm eine Abschrift eines Briefs zu Gesicht, den Erasmus an seinen Freund, den Brüggener Dekan Marcus Laurinus geschickt hatte und in dem er sich nicht nur seiner guten Beziehungen zu Kaiser und Papst rühmte, sondern sich auch klar von Luther distanzierte. Als Beweis für seine gut altgläubige Haltung führte er seine Abweisung des notorischen Luther-Sympathisanten Hutten an.[216]

Erst diese unaufrichtige Verleugnung der Lutherischen Lehre erregte den Zorn Huttens und bewog ihn zur Abfassung seiner *Expostulatio* (Herausforderung), einer umfangreichen Abrechnung mit Erasmus' Charakter. Obwohl dieser deren Veröffentlichung zu verhindern suchte, erschien die Schrift Anfang Juni bei Schott in Straßburg.[217]

Erasmus' Weigerung, sich als Lutheraner zu bekennen, war der Kernpunkt für Huttens Polemik, wobei er sich durchaus der Problematik des Begriffs «Lutheraner» bewußt war: *Obwohl ich Luther weder als meinen*

Lehrer noch meinen Bundesgenossen betrachte und diese Angelegenheit unabhängig betreibe, da ich tief hasse, irgendeiner Partei zugerechnet zu werden, möchte ich dennoch zu denen gerechnet werden, die der Tyrannei des römischen Papstes sich widersetzen. Da sie jetzt allgemein als Lutheraner bekannt sind, trage ich gern die Schande, Lutheraner genannt zu werden, um nicht Unterstützung für dessen Angelegenheit zu leugnen.[218]

Die lutherische Bewegung war zu diesem Zeitpunkt zu einem Sammelbecken generellen antiklerikalen und antipäpstlichen Protests geworden. Unter Luthers Banner sammelten sich alle möglichen Gruppen, die ihre verschiedenen politischen, sozialen, wirtschaftlichen und religiösen Beschwerden vorbrachten. Dazu kam, daß Hutten wie viele andere Humanisten seiner Generation die Reformation als Fortsetzung des humanistischen Reuchlin-Streits und als Kampf gegen die dunklen Mächte der Barbarei betrachtete. Aus verschiedenen Gründen diffamierte Hutten also den holländischen Humanisten als Verräter und Fahnenflüchtling.

In seiner Enttäuschung unterstellte Hutten dem Erasmus die niedrigsten Motive für diesen Verrat: Neid auf Luther, dessen Licht nun das des Fürsten der Humanisten verdunkelt habe, Feigheit und Wankelmut. An einer Fülle von konkreten Beispielen glaubte er, diese Schwächen belegen zu können. Da diese feige Unentschlossenheit dem deutschen Wesen unangemessen sei, forderte Hutten den alten Gelehrten auf, entweder zu den italienischen Kardinälen, *mit denen Du ein Bündnis gemacht hast*, oder zu seinen *gallo-germanischen Landsleuten*[219], mit denen er diese Laster teile, zurückzugehen. Aus diesem Grund entzog der selbst heimatlose Hutten den Paneuropäer Erasmus auch das Heimatrecht in Deutschland: *Ich glaube, durch gemeinsamen Beschluß aller Deutschen solltest Du gebeten, ja aufgefordert werden, woandershin auszuwandern, so daß Du nicht länger durch Dein Beispiel unsere Jugend mit Deiner Charakterlosigkeit und Deinen schwankenden Grundsätzen befleckst, Laster, die unserem Volke fremd sind*[220], *denn alle sollen sehen, was für ein perverses Ding Du angestellt hast und mit was für einem vergewaltigten, ja völlig prostituierten Gewissen Du die ganze Angelegenheit angegangen hast*[221].

Erasmus erwiderte mit dem umfangreichen Werk «Spongia adversus aspergines Hutteni» (Der Schwamm gegen die Anspritzer Huttens).[222] Bitter ruft er aus: «Durch kein Unrecht provoziert, hat Hutten alle Bande der Dankbarkeit zerrissen, und er, ein junger Mann, hat einen Greis mit so vielen Vorwürfen, Schimpfworten und Gekeife bespuckt, meine Ohren, mein Gesicht, meinen Mund hat er geschlagen, hin und her gezerrt hat er mich und wie einem Kreisel herumgedreht; kurz, er hat mich behandelt wie einen auf der Auktion erstandenen Sklaven, nicht Erasmus.»[223]

Erasmus' «Schwamm» ist eine Verteidigungsschrift. Punkt für Punkt versucht er die Vorwürfe seines Anklägers zu entkräften. Hatte Hutten seinen alten Freund mit polternden Beschimpfungen beleidigt, so schlägt der Holländer mit ätzendem Sarkasmus zurück: «Wenn Hutten als Liebhaber der Wahrheit bereit ist, dafür zu sterben, warum flieht er und verbirgt sich denn? Soll er doch nach Rom oder in die Niederlande gehen. Dort kann er die erhoffte Märtyrerkrone erwerben.»[224]

Der Bruch zwischen Erasmus und Hutten war das Resultat eines Konflikts zweier völlig konträrer Persönlichkeiten. Für den im Grunde un-

Belagerung von Sickingens Burg. Holzschnitt, 1557

Zürich. Gemälde von
Hans Leu d. Ä., um 1500

komplizierten Ritter gab es nur das Entweder-Oder. Zwischentöne
kannte er nicht. Erasmus dagegen, der überlegene Intellektuelle, sah immer beide Seiten. Dazu kam, daß Gradlinigkeit und Aufrichtigkeit Tugenden waren, die Hutten nicht nur bei seinen germanischen Vorfahren
bewunderte, sondern auch selbst zu verwirklichen suchte. Erasmus
hängte andererseits seinen Mantel gern nach dem Winde. Heuchelei nennen es manche, Diplomatie andere. Darüber hinaus unterschieden sich
die beiden Humanisten radikal in ihren Reformvorstellungen: Hutten
dachte national, Erasmus gesamteuropäisch. Der deutsche Ritter wollte
eine politisch-kirchliche Reform, deren Ziel die Befreiung von der römischen «Fremdherrschaft» war, Erasmus dagegen plädierte für eine mo-
ralisch-ethische Erneuerung des Christentums innerhalb der existieren-
den Kirchenstruktur durch Zurückgehen auf Antike und Kirchenväter.

Im Grunde ging es aber bei dieser unglückseligen Polemik nicht nur um
den Persönlichkeitskonflikt zweier unterschiedlicher Männer, sondern
auch um den Zusammenprall zweier konträrer Ideologien. Hutten ver-
körperte den aktiven Humanismus. Im Dialog *Misaulus* hatte er gesagt:

126

Das Wissen von uns allen, die wir im Schatten – das heißt abseits des tätigen Lebens – philosophieren und uns nicht zu Taten erheben, ist ein Nichtwissen.[225] Auch die humanistischen Studien mußten an der Wirklichkeit getestet werden. Die Reformation bot ihm dazu die Möglichkeit. Erasmus sah das anders. Die lutherische Bewegung mit ihren Unruhen und Exzessen drohte die humanistischen Reformen auszulöschen und sein Lebenswerk zu zerstören: «Den Romanisten hat Hutten den Krieg erklärt, aber in Wahrheit führt er ihn gegen die Musen und Grazien»[226], beklagte er sich. Erasmus gehörte zum quietistischen Flügel des deutschen Humanismus.

Der Zusammenstoß war unvermeidlich. Die Frage ist nur, ob die zwei Humanisten, deren Ziel es schließlich war, eine humanere und zivilisiertere Welt aufzubauen, auf das Niveau persönlicher Verdächtigungen und Verunglimpfungen herabsteigen mußten. Luther meinte, als er den «Schwamm» in die Hand bekam: «Ich wollte, Hutten hätte nicht herausgefordert, noch mehr aber, Erasmus hätte nicht abgewischt. Wenn das mit einem Schwamm abwischen heißt, möchte ich wissen, was Schmähen und Lästern ist.»[227]

Huldrych Zwingli. Holzschnitt von Hans Asper

Erasmus' «Schwamm» erschien am 3. September 1523. Hutten bekam das Werk nicht mehr zu Gesicht.

Am 7. Mai 1523 wurde Sickingens Burg Landstuhl durch die Truppen des Trierer Erzbischofs und des Landgrafen Philipp von Hessen erobert. Der pfälzische Ritter selbst starb an den Verwundungen, die er bei der Beschießung erhalten hatte. Innerhalb der nächsten vier Wochen wurden sämtliche anderen Burgen des einst mächtigen Reichsritters eingenommen und ausgebrannt. Als auch noch Gerüchte von einer schweren Erkrankung Martin Luthers umgingen, jubelte die päpstliche Partei: «Der Afterkaiser ist tot, bald wird es auch mit dem Afterpapst ein Ende nehmen.»[228] Luther konnte zwar noch in den nächsten 23 Jahren seines Lebens die neu entstandene evangelische Kirche ausbauen und befestigen, für Hutten erwies sich aber der Tod Sickingens als schwerer persönlicher Schlag. Zudem rührten sich in Mülhausen Stimmen, denen die Anwesenheit des geächteten Flüchtlings in ihren Mauern zu gefährlich wurde. Zuflucht fand Hutten schließlich in Zürich, wo Huldrych Zwingli in diesem Jahr der entscheidende reformatorische Durchbruch gelungen war.

Während dieser Zeit verschlimmerte sich sein Gesundheitszustand zunehmend. Ein Besuch im Sommer in dem seiner heißer Quellen wegen berühmten Heilbad Pfäfers bei Ragaz brachte keine Linderung, da starke Regengüsse die Quellen gekühlt hatten. Aus Zürich schrieb er am 21. Juli an seinen alten Dichterfreund Eobanus Hessus seinen letzten Brief nach Deutschland: *Findet das widrige Schicksal, mein Eoban, endlich Maß und Ziel, das Schicksal, das mich so unbarmherzig verfolgt? ... Die Flucht brachte mich zu den Schweizern, und ich fürchte, das ist nicht die letzte Etappe des Exils. Denn Deutschland kann mich nicht dulden in seinem gegenwärtigen Zustand, den ich aber bald durch Vertreibung der Tyrannen geändert zu sehen hoffe. Aus dem Kriegsgetümmel habe ich mich ganz zur*

Eobanus Hessus. Holzschnitt nach einer Silberstiftzeichnung von Albrecht Dürer, 1525

Die Insel Ufenau

Huttens Grab. Gemälde von Caspar David Friedrich, 1823/24

Hutten. Holzschnitt von Hans Weiditz

literarischen Muße zurückgezogen und ans Schreiben gemacht. In dieser Hinsicht kann ich sagen, daß es das Schicksal gut mit mir gemeint hat. Der Überbringer des Briefs, fährt Hutten fort, habe von ihm eine Schrift gegen die Tyrannen (*In Tyrannos*) erhalten, die er in Erfurt drucken lassen sollte: *Künftige Jahrhunderte sollen sehen, was für Menschen diejenigen gewesen sind, die sich wider Ehrbarkeit, Gesetz, Glaube und Religion mit Frevel und Verwegenheit gesetzt haben.*[229] Die Schrift *In Tyrannos* ist verlorengegangen. Als Motto für Schillers revolutionäres Jugenddrama «Die Räuber» lebt der Titel fort.

Anfang August fand Zwingli auf der stillen, abgeschiedenen Insel Ufenau am östlichen Ende des Zürichsees für seinen Schützling Asyl. Conrad Ferdinand Meyer hat diesen Aufenthalt in seinem Gedichtzyklus «Huttens letzte Tage» verklärend dargestellt. Wenig Gesichertes ist jedoch über diese letzten vier Wochen bekannt. Der Todkranke wurde von dem Pfarrer Hans Klarer, genannt Schnegg, gepflegt.

Aber auch in dieser Zeit ließ die Kontroverse mit Erasmus dem Kranken keine Ruhe. In seinem blinden Haß richtete Erasmus einen ins Deutsche übersetzten Brief an den Bürgermeister und Rat der Stadt Zürich. Darin führte er sich als jemand ein, der «der evangelischen Lehre wegen fleißig gearbeitet habe», und warnt gleichzeitig die ehrbaren Stadtväter, Hutten könne ihre Güte «zu einem geilen [übermütigen] und mutwilligen Schreiben, das da treffentlich schade dem evangelischen Handel», mißbrauchen.[230]

Ob der Zürcher Rat dem Humanisten die plötzliche Sorge um den «evangelischen Handel» abgenommen hat, ist nicht bekannt. Bekannt ist aber, daß Hutten von dem Schreiben erfuhr und nun seinerseits *an den strengen, edlen, festen, ehrsamen, fürsichtigen, weisen Bürgermeister und Rat* schrieb, um eine *Copie* des Erasmischen Briefs bat und den Rat ermahnte: *Ihr werdet mich oder niemanden ungehört und unverantwortet bei Euch verunglimpfen lassen.*[231]

Am 29. August 1523 starb Ulrich von Hutten im Alter von 35 Jahren an den Folgen seiner syphilitischen Krankheit. Zwingli informierte einen Freund über den Tod: «Er hinterließ nichts von Wert. Bücher besaß er keine, an Hausrat nichts außer einer Feder. Von seinen Sachen habe ich nach seinem Tode nichts angesehen als einige gebündelte Briefe, die er teils von seinen Freunden erhalten, teils an sie geschickt hatte.»[232]

Den Pfarrer Hans Klarer, der Hutten bis zum Ende selbstlos gepflegt hatte, vertrieb man, als bekannt wurde, welch gefährlichen Revolutionär er auf der idyllischen Insel verborgen hatte.

Anmerkungen

Schlüssel zu den verwendeten Abkürzungen:

Allen Opus epistolarum Des. Erasmi Roterodami. Ed. P. S. ALLEN, H. M. ALLEN, H. W. GARROD. 12 vols. Oxford 1906f

Amelung Briefe der Dunkelmänner. Übers. von WILHELM BINDER, revidiert, mit Anmerkungen und einem Nachwort versehen von PETER AMELUNG. München (Winkler) 1964 (Die Fundgrube.5)

EOV Epistolae obscurorum virorum. 2 Bde. Hg. von ALOYS BÖMER. Heidelberg (Weißbach) 1924. Nachdruck Aalen 1978

Op. Ulrichi Hutteni, equitis Germani, opera quae reperiri potuerant omnia. Hg. von EDUARD BÖCKING. 5 Bde. Suppl. 2 Bde. Leipzig (Teubner) 1859–61. Nachdruck Aalen 1963. Gefolgt von Band- und Seitenzahl

Münch Jugend-Dichtungen. Hg., übersetzt und erläutert von ERNST MÜNCH. Schwäbisch-Hall (Haspelsche Buchhandlung) 1850

Ukena Ulrich von Hutten. Deutsche Schriften. Hg. von PETER UKENA. Nachwort von DIETRICH KURZE. Übersetzung des Pirckheimer-Briefes von ANNEMARIE HOLBORN. München (Winkler) 1970

Alle Übersetzungen aus dem Lateinischen stammen vom Verfasser. Ausgenommen hiervon ist der Brief Huttens an Pirckheimer, der in der Übersetzung von Annemarie Holborn zitiert wird. Für die Jugenddichtungen wurde die Übersetzung von Ernst Münch, für die Dunkelmännerbriefe die von Peter Amelung zugrunde gelegt, aber gelegentlich modifiziert.

Das Frühneuhochdeutsche Huttens wurde behutsam der modernen Rechtschreibung angeglichen.

1 Geschichte des deutschen Volkes seit dem Ausgang des Mittelalters. Bd. 2. Freiburg 1883, S. 53

2 Hutten und die Reformation. Leipzig 1920. S. 396, 493, Kap. 11 u. 12

3 In: Bernhard Suphan (Hg.): Herders Sämmtliche Werke, Bd. 9. Berlin 1879, S. 476–496

4 Ufenau und St. Helena. Jacta est alea. In: Marcel Herwegh (Hg.): Georg Herwegh. Gedichte eines Lebendigen. Leipzig o. J., S. 50–54

5 Kurt Eggers: Ich habs gewagt. Hutten ruft Deutschland. Berlin-Lichterfelde 1937, S. 5

6 Zit. bei: Wilhelm Kreutz: Die Deutschen und Ulrich von Hutten. München 1984, S. 181

7 Hutten, Klopstock, Arndt. Drei Reden. Heidelberg 1924, S. 27

8   Ulrich von Hutten. Göttingen 1968, S. 143

9   Op. I, S.202; zit. n. Ukena S. 325

10 Op. I, S. 202; Ukena S. 324

11 Op. I, S. 201; Ukena S. 324

12 Op. I, S. 18

13 Op. III, S. 71

14 Op. I, S. 450

15 Op. II, S. 145

16 Zit. in Holborn: Hutten. S. 24

17 J. Leineweber: Ulrich von Hutten – ein Fuldaer Mönch? In: Würzburger Diözesan-Geschichtsblätter 37/38 (1975), S. 544

18 Op. II, S. 145

19 H. Grimm: Ulrich von Hutten. Göttingen 1971, S. 32f

20 Op. II, S. 145

21 Op. III, S. 44; Münch S. 50

22 Op. III, S. 45

23 E. Bernstein. Die Literatur des deutschen Frühhumanismus. Stuttgart 1978, S. 7f

24 P. O. Kristeller: Renaissance Thought. New York 1961, S. 10

25 Op. I, S. 25

26 Op. I, S. 9

27 Op. III, S. 24; Münch S. 23

28 J. G. Kosegarten: Geschichte der Universität Greifswald. Bd. I. Greifswald 1857, S. 107

29 Op. III, S. 19–81

30 Op. III, S. 62

31 Ulrich von Hutten. Leipzig 1927, S. 50

32 Op. III, S. 35

33 Op. III, S. 38; Münch S. 42

34 Op. III, S. 64

35 Op. I, S. 19

36 J. D. Müller: Gedechtnus. München 1982, S. 20

37 Ibid. S. 55

38 Op. III, S. 123–158

39 Op. I, S. 233

40 Op. III, S. 136

41 Op. III, S. 331–340

42 EOV I 28

43 Op. I, S. 26

44 Op. III, S. 206–268

45 Grimm: Hutten, S. 47

46 Op. III, S. 227

47 Op. III, S. 213

48 Op. III, S. 223, 258

49 Op. III, S. 217

50 Op. III, S. 216; Münch S. 197

51 Op. III, S. 256; Münch S. 302

52 Op. III, S. 217

53 Op. III, S. 266f; Münch S. 327

54 Op. III, S. 265; Münch S. 321

55 Op. I, S. 176

56 Op. I, S. 180

57 Op. III, S. 111f

58 Op. III, S. 111

59 Op. I, S. 180

60 Op. I, S. 35

61 Op. III, S. 353–400

62 Op. I, S. 43

63 Op. IV, S. 149f

64 Op. I, S. 102

65 R. Bainton: Erasmus of Christendom. New York 1969, S. 3

66 Op. I, S. 103

67 Op. I, S. 278–286

68 Op. I, S. 43

69 Op. I, S. 42

70 Op. I, S. 40f

71 Op. V, S. 10

72 Op. I, S. 40

73 Op. III, S. 401–412; Op. I, S. 46–52

74 Op. IV, S. 1–26

75 Op. V, S. 34

76 Op. V, S. 24

77 Op. I, S. 153; 154

78 Op. V, S. 38

79 Op. V, S. 83

80 Op. I, S. 106

81 L. Geiger: Reuchlin. Leipzig 1871, S. 27

82 EOV II 26; Amelung S. 179

83 EOV II 30; Amelung S. 192

84 EOV I 42; Amelung S. 99

85 EOV II 39

86 Op. I, S. 124

87 EOV II 31

88 EOV II 48

89 EOV II 5
90 EOV II 46
91 EOV II 58
92 EOV II 51
93 EOV II 9
94 Allen III 44, 58
95 EOV II 59
96 Op. I, S. 129
97 Op. I, S. 102
98 Op. I, S. 146
99 Op. I, S. 105 f
100 Holborn: Hutten, S. 73
101 Op. I, S. 106
102 Op. III, S. 282
103 Op. I, S. 146
104 Op. I, S. 132
105 Op. I, S. 146
106 Op. III, S. 287–294
107 Op. III, S. 295–300
108 Op. I, S. 106–113
109 Op. IV, S. 3–25
110 Op. IV, S. 23
111 H. O. Burger: Renaissance, Humanismus, Reformation, S. 439
112 Op. I, S. 174
113 Op. I, S. 194
114 Op. I, S. 195–217; Übersetzung von A. Holborn in Ukena. Zit. n. dieser Übersetzung
115 Op. I, S. 195; Ukena S. 317
116 Op. I, S. 196; Ukena S. 318
117 Op. I, S. 196; Ukena S. 318
118 Op. I, S. 201; Ukena S. 323
119 Op. I, S. 196; Ukena S. 318
120 Op. I, S. 202; Ukena S. 325
121 Op. I, S. 199; Ukena S. 322
122 Op. I, S. 200; Ukena S. 323
123 Op. I, S. 197; Ukena S. 319
124 Op. I, S. 217; Ukena S. 340
125 Op. V, S. 482
126 Op. V, S. 485
127 Op. V, S. 397–497
128 J. Benzing: Hutten und seine Drucker, S. 65 f
129 P. Kalkoff: Huttens Vagantenzeit, S. 17, 11, 112
130 Op. V, S. 496
131 Op. V, S. 97–136
132 Op. V, S. 132
133 Op. V, S. 117
134 Op. I, S. 212
135 Op. III, S. 240
136 Op. III, S. 250
137 Benzing: Hutten und seine Drucker, S. 115
138 Op. IV, S. 416
139 E. Frenzel: Stoffe der Weltliteratur. Stuttgart 1963, S. 53–56
140 H. Mettke (Hg.): Huttens deutsche Schriften. II, S. 103
141 Op. I, S. 256
142 Op. I, S. 260
143 Op. I, S. 273
144 Op. IV, S. 27–41
145 Op. IV, S. 101–144
146 Op. IV, S. 145–261
147 Op. IV, S. 269–308
148 Op. IV, S. 144
149 Holborn: Hutten, S. 103
150 Op. I, S. 302
151 Op. IV, S. 169
152 Op. IV, S. 178
153 Op. IV, S. 180
154 Op. IV, S. 163
155 Op. IV, S. 164
156 L. W. Spitz: The Renaissance and Reformation Movements. II. St. Louis 1971, S. 313
157 Op. IV, S. 193
158 Op. IV, S. 256
159 Op. I, S. 322
160 Op. IV, S. 304
161 Op. I, S. 155–161
162 Op. I, S. 166
163 Op. I, S. 134
164 Op. I, S. 167
165 Op. I, S. 320 f; Op. I, S. 324 f
166 Op. I, S. 356
167 Op. II, S. 6
168 Op. II, S. 55
169 Op. II, S. 223
170 Op. IV, S. 319 f
171 S. Szamatolski: Huttens deutsche Schriften, S. 61
172 Op. I, S. 367
173 Op. I, S. 375

174 Op. I, S. 386

175 Op. I, S. 393

176 Op. I, S. 394

177 Op. I, S. 419

178 Op. III, S. 484

179 G. Hess: Deutsch-lateinische Narrenzunft, S. 31

180 R. Alewyn: Vorbarocker Klassizismus, S. 11

181 Op. I, S. 247

182 B. Moeller: Deutschland im Zeitalter der Reformation, S. 36

183 Op. I, S. 418

184 Op. III, S. 475–526

185 Op. III, S. 523

186 Op. I, S. 447

187 Op. I, S. 448

188 Op. I, S. 449

189 Op. IV, S. 309–406

190 Op. IV, S. 315

191 Op. IV, S. 364

192 Op. IV, S. 404

193 F. Reuter (Hg.): Der Reichstag zu Worms, S. V

194 P. Kalkoff: Die Depeschen des Nuntius Aleander, S. 69

195 Zit. in: F. Walser: Die politische Entwicklung Ulrichs von Hutten, S. 59

196 Op. II, S. 21

197 Kalkoff: Die Depeschen des Nuntius Aleander, S. 22

198 Op. II, S. 34

199 Op. V, S. 362

200 Op. II, S. 56

201 Op. II, S. 60

202 Op. II, S. 63

203 Op. II, S. 92–94

204 Op. II, S. 93

205 Op. II, S. 86

206 Op. II, S. 118

207 Op. II, S. 124–130

208 K. H. Rendenbach: Die Fehde Franz von Sickingens gegen Trier, S. 76

209 Balan: Monumenta reformationis Lutheranae. Regensburg 1884, S. 298

210 Op. II, S. 532

211 Op. I, S. 368

212 Op. II, S. 11; Allen IV 459

213 Op. II, S. 323

214 Op. II, S. 157

215 Op. II, S. 269

216 Op. II, S. 158–177; Allen V 203f

217 Op. II, S. 180–248

218 Op. II, S. 223

219 Op. II, S. 239

220 Op. II, S. 239

221 Op. II, S. 248

222 Op. II, S. 265–324

223 Op. II, S. 317

224 Op. II, S. 310

225 Op. IV, S. 49

226 Op. II, S. 317

227 Op. II, S. 379

228 D. F. Strauss: Ulrich von Hutten, S. 459

229 Op. II, S. 252

230 Op. II, S. 257

231 Op. II, S. 257

232 Op. II, S. 382f

Zeittafel

1488	Ulrich von Hutten wird am 21. April als erstes Kind des Reichsritters Ulrich von Hutten und der Ottilie von Eberstein auf der Burg Steckelberg bei Schlüchtern geboren
1499	Beginnt die Stiftschule der Reichsabtei Fulda zu besuchen
ca. 1503/1504	Hutten wird möglicherweise zum zweijährigen «Normstudium» an die Universität Erfurt geschickt
1505	Studiert im Sommersemester an der Mainzer Universität
1505/1506	Im Wintersemester an der Universität Köln
1506	Im Frühjahr kurzer Aufenthalt in Erfurt, dann weiteres Studium an der Universität Frankfurt an der Oder, wo er am 14. September sein Bakkalaureatsexamen ablegt
1508	Studium in Leipzig. Infiziert sich mit Syphilis
1509	Im Herbst Studium in Greifswald. Verläßt im Dezember die Stadt; wird auf dem Weg nach Rostock von Dienern seines Wirtes Lötz ausgeraubt
1510	*Querelarum libri duo in Lossios*
1511	*Ars versificatoria*. Wandert nach Wien. Kontakt mit dortigen Humanisten; erwachendes politisches Interesse
1512–1514	Aufenthalt in Norditalien. Studium in Pavia und Bologna; zur Bestreitung seines Lebensunterhalts dient Hutten vorübergehend im Heer Kaiser Maximilians.
	Schreibt *Epigramme* zur politischen Situation
1514	Rückkehr nach Deutschland. Verbindung zum Erzbischof von Mainz, zu dessen Lob er einen *Panegyricus* schreibt. Beginn der Freundschaft mit Erasmus von Rotterdam
1515	Die Ermordung von Huttens Verwandten Hans von Hutten durch den Herzog Ulrich von Württemberg löst eine langjährige Fehde der Huttens aus, an der sich Ulrich von Hutten literarisch mit fünf lateinischen Reden und dem Dialog *Phalarismus* beteiligt
1515–1517	Hutten geht zur Fortsetzung seines Rechtsstudiums zum zweitenmal nach Italien. Aufenthalt in Rom, Bologna, Ferrara und Venedig. Tätliche Auseinandersetzung mit fünf Franzosen, in deren Verlauf er einen ersticht
1517	Rückkehr nach Deutschland im Juli. Am 12. Juli wird Hutten von Kaiser Maximilian zum «Poeta laureatus» gekrönt. Der zweite Teil der *Epistolae obscurorum virorum erscheint.*
	31. Oktober: Martin Luther schlägt 95 Thesen an die Schloßkirche zu Wittenberg an

1518	*Nemo II* und *Misaulus* erscheinen. Brief an Willibald Pirckheimer. In seiner *Türkenrede* setzt sich Hutten für einen Feldzug gegen die Türken unter deutscher Führung ein. Aufenthalt in Augsburg während des Reichstags
1519	Tod Kaiser Maximilians. Karl I. von Spanien wird zum deutschen König gewählt. Beginn der politisch-reformatorischen Agitation gegen die römische Kurie in vier lateinischen Dialogen: *Febris prima, Febris secunda, Vadiscus, Inspicientes*
1520	In dem umfangreichen Reimgedicht *Klag und Vormahnung* vollzieht Hutten den Schritt vom Lateinischen zum Deutschen
1521	Mit vier neuen lateinischen Dialogen (*Bulla vel Bullicida, Monitor primus et secundus, Praedones*) intensiviert Hutten seinen antirömischen Kampf. Während des Reichstags zu Worms (Januar bis Mai) hält sich Hutten auf der Ebernburg auf, von wo aus er die päpstlichen Nuntien Aleander und Caraccioli mit *Invektiven* angreift. 18. April: Widerrufsverweigerung Martin Luthers. Im Sommer Beginn des Kleinkriegs gegen die «Kurtisanen». Fehde mit den Karthäusern von Straßburg
1522	In seiner *Vermahnung an die freien und Reichsstädte deutscher Nation* versucht Hutten, Städte und Ritter zur Vereinigung zu überreden. Der Feldzug des Franz von Sickingen gegen den Kurfürsten von Trier mißlingt (September). Am 20. November verläßt Hutten Deutschland
1523	Bis zum 18. Januar hält er sich in Basel auf, wo Erasmus sich weigert, ihn zu empfangen. Geht ins oberelsässische Mülhausen. Dort Abfassung seiner letzten größeren Schrift, der *Expostulatio cum Erasmo*, die den Bruch mit dem holländischen Humanisten bedeutet. Dieser antwortet mit der Schrift «Spongia adversus aspergines Hutteni», die aber erst kurz nach Huttens Tod erscheint. Im Mai: Bei der Eroberung der Burg Landstuhl wird Sickingen verwundet und stirbt. Im Juni findet Hutten bei Zwingli Zuflucht. Aufenthalt im Wildbad Pfäfers bei Ragaz. Am 29. August stirbt Hutten auf der Insel Ufenau im Zürichsee

Zeugnisse

Erasmus von Rotterdam
Doch beinahe hätte ich den einzigartigen Liebling der Musen vergessen, den jungen Ulrich von Hutten, berühmt schon durch seine Ahnen. Sagt, könnte Attika mehr Witz und Eleganz erzeugen, als dieser eine sie besitzt. Er spricht wie die göttliche Schönheit, wie die Anmut selbst.

1516

Hieronymus Aleander (Päpstlicher Nuntius)
Dieser Hutten ist nur eine wenig vermögende Bestie. Die höheren geistlichen Würdenträger Deutschlands zittern vor der Satire dieses Starrkopfs, indessen ein Haufe verschuldeter Edelleute ihn vergöttert. In verschwörerischem Mutwillen gebärdet sich dieser ruchlose Schurke, dieser elende Bösewicht und Mörder, dieser lasterhafte Lump und arme Schlukker als Staatsverbesserer. Er hat sich eine Änderung der gesamten deutschen Verhältnisse vorgenommen und für seine Person das eitle Ruhmesbild eines Nationalhelden beansprucht.

1521

Johann Christoph Gottsched
Dieser große Wiederhersteller der schönen Wissenschaften in Deutschland hat in der lateinischen Dichtkunst eine solche Stärke besessen, daß es schade ist, daß er so ins Vergessen gerathen ist.

1756

Johann Gottfried von Herder
Jünglinge, wallfahret zu seinem Grab, und zu seinem Leben als einem Spiegel aller Zeiten! Und du, Mutter Deutschland, das diesen Mann nicht erkannte, aber kalt hinwarf, so wie es jetzt ihn jetzt kalt lobet und seine Schriften nicht einmal hat und kennet, durch die er doch alles that, lerne!
Ufnort heißt die kleine Insel im Zürchersee, wo er im Gebiet des Zürcher Raths Schutz und bey einem armen Pfarrer Pflege, Aerzung fand und Ruhestätte. Schiffe hinüber, reisender Jüngling, und such' sein Grab und sage: «Hier liegt der Sprecher für die Teutsche Nation und Freyheit

und Wahrheit, der für sie mehr als sprechen wollte.» Eine Grenzinsel hat ihm ein unbekanntes Grab gegeben.

Und so mußt es seyn! Auf kein marmorn Denkmal müßen die Guten und Edlen des Deutschen Vaterlandes rechnen.

1776

Johann Wolfgang von Goethe

Zu dieser Zeit war denn überhaupt die Richtung nach der Epoche zwischen dem fünfzehnten und sechzehnten Jahrhundert eröffnet und lebendig. Die Werke Ulrichs von Hutten kamen mir in die Hände, und es schien wundersam genug, daß in unsern neuern Tagen ich das Ähnliche, was dort hervorgetreten, hier gleichfalls wieder zu manifestieren schien.

«Dichtung und Wahrheit», 4. Teil, 17. Buch

Leopold von Ranke

Hutten ist kein großer Gelehrter, seine Gedanken greifen nicht sehr in die Tiefe; sein Talent liegt mehr in der Unerschöpflichkeit seiner Ader, die sich immer mit gleichem Feuer, mit gleicher Frische, in den mannigfaltigsten Formen ergießt, lateinisch und deutsch, in Prosa und in Versen, in rednerischer Invektive und in glücklich dialogisierter Satire. Dabei ist er nicht ohne den Geist eigner feiner Beobachtung... seine Feindseligkeiten sind nicht von verstimmend gehässiger Art, sie sind immer mit eben so warmer Hingebung nach einer anderen Seite verbunden; er macht den Eindruck der Wahrhaftigkeit, der rücksichtslosen Offenheit und Ehrlichkeit; vor allem, er hat immer große, einfache, die allgemeine Teilnahme fortreißende Bestrebungen, eine ernste Gesinnung, er liebt, wie er sich einmal ausdrückte, die göttliche Wahrheit, die gemeine Freiheit.

«Deutsche Geschichte im Zeitalter der Reformation», 1839

Joseph von Eichendorff

Ulrich von Hutten ist ein Vorbild unserer heutigen jugendlichen Weltverbesserer, denen nur seine Kraft und sein Talent fehlen, um es gleichzuthun. Hutten stand vollkommen auf der Höhe der Bildung seiner Zeit; und doch blieb er, weil dieser Bildung trotz christlicher Phrasen das Christentum mangelte, sein ganzes Leben hindurch ruhe- und rastlos, ein verlorener Schiffer, ohne Steuer und Compaß in's Ungewisse treibend.

1857

David Friedrich Strauß

Die Hebamme von Huttens Geist war der Zorn. Seine Werke steigen an Bedeutung in dem Verhältnis, als die Gegenstände seines Zornes bedeutender werden, dieser selbst reiner wird.

Um dieser zürnenden Stellung halten wir Huttens Schatten fest. In ihr möge er denen erscheinen, welche die Schlüssel der Gewissen und der

*«O Jahrhundert! Die Studien blühen,
die Geister erwachen . . .*

... es ist eine Lust zu leben», schrieb Ulrich von Hutten 1518 begeistert in einem Brief.

Dieses positive Lebensgefühl können wir uns auch zu eigen machen. Vor allem dann, wenn unser finanzieller Hintergrund gesichert ist.

Pfandbrief und Kommunalobligation

Meistgekaufte deutsche Wertpapiere - hoher Zinsertrag - bei allen Banken und Sparkassen

Verbriefte  Sicherheit

Geisteshaltung deutscher Stämme, durch die Kämpfe wackrer Vorfahren kaum zurückerobert, kampflos aufs neue an Rom und eine römisch gesinnte Priesterschaft ausliefern; noch zürnender wo möglich denen, welche im Schoße des Protestantismus selbst ein neues Papstthum pflanzen möchten; den Fürsten, die ihr Belieben zum Gesetz erheben; den Gelehrten, denen Verhältnisse und Rücksichten über die Wahrheit gehen. Er flamme als Haß in uns gegen alles Undeutsche, Unfreie, Unwahre; aber glühe auch als Begeisterung in unseren Herzen für die Ehre und Größe des Vaterlandes; er sei der Genius unseres Volkes.

1858

Ferdinand Lassalle
Die Schriften Huttens enthalten, und zum Theil schon lange vor den Thesen an der Wittenberger Schloßkirche, Vieles, was nicht nur zur dogmatischen Anschauung der Reformation selbst, sondern in noch viel späterer Zeit zum Stichwort des protestantischen Bewußtseins, ja sogar der Aufklärung überhaupt geworden ist.

1859

Otto Flake
Hutten war der einzige politische Schriftsteller von Rang, den das Land hatte. Wir heute, denen die Schwächen des deutschen Naturells kein Geheimnis mehr sind, wundern uns, daß die Nation überhaupt ein Phänomen wie Hutten hervorbrachte.

1929

Ricarda Huch
Hutten selbst liebte die Freiheit über alles, darum setzte er von allen Menschen, besonders von allen Deutschen voraus, daß sie freiwillig nicht Knechte sein wollten, deshalb haßte er diejenigen, die andere knechteten.

1937

Golo Mann
... dieser junge Mensch, Ritter von Haus, der ein echter Ritter nicht mehr sein konnte, obgleich er mitunter auch noch mit der Waffe kämpfte und mit letzten Rittern sich verbündete, der ein Mönch nicht sein wollte, der ohne Lebensplan zum Humanisten wurde, zum Literaten, wie man später gesagt hätte, zum Politiker auf eigene Faust, umherwandernd, umhergeworfen kraft äußerer Zufälle, kraft inneren Dranges, der mit der Fackel seines ungezügelten Ingeniums über eine kurze Zeit Helle und Wärme gab, dann erlag, dann erlosch, mit kaum 35 Jahren.

1985

Bibliographie

1. Bibliographien

PANZER, GEORG WOLFGANG: Ulrich von Hutten in litterarischer Hinsicht. Nürnberg 1776

BÖCKING, EDUARD: Index bibliographicus Huttenianus; Verzeichnis der Schriften Ulrich von Huttens. Leipzig 1858

BENZING, JOSEF: Ulrich von Hutten und seine Drucker. Eine Bibliographie der Schriften Huttens im 16. Jahrhundert. Mit Beiträgen von Heinrich Grimm. Wiesbaden 1956 (Beiträge zum Bibliothekswesen. 6)

SCHOTTENLOHER, KARL: Bibliographie zur deutschen Geschichte im Zeitalter der Glaubensspaltung 1517–1585. 7 Bde. Stuttgart 1956–58[2]

UKENA, PETER, und ULIARCZYK, KRISTIANE: Deutschsprachige populäre Hutten-Literatur im 19. und 20. Jahrhundert. Eine bibliographische Übersicht. In: Daphnis 2 (1973), S. 166–184

KREUTZ, WILHELM: Die Deutschen und Ulrich von Hutten. München 1984, S. 322–364 [Ergänzt BÖCKING und BENZING]

2. Werke

a) Gesamtausgaben

Ulrichi ab Hutten, Equitis Germani, Opera quae extant omnia. Hg. von ERNST MÜNCH. 6 Bde. Bd. 1–3 Berlin 1821–23; Bd. 4–6 Leipzig 1824–27

Ulrichi Hutteni, equitis Germani, opera quae reperiri potuerunt omnia. Hg. von EDUARD BÖCKING. 5 Bde. Suppl. 2 Bde. Leipzig (Teubner) 1859–61. Nachdruck Aalen 1963

b) Auswahlausgaben

Ulrichs von Hutten deutsche Schriften. Untersuchungen nebst einer Nachlese. Hg. von SIEGFRIED SZAMATOLSKI. Straßburg (Trübner) 1891 (Quellen und Forschungen zur Sprach- und Culturgeschichte der germanischen Völker. 67)

Ulrich von Hutten. Um Deutschlands Freiheit. Eine Auswahl aus seinen Schriften. Eingel. u. hg. von RUDOLF NEUWINGER. Berlin (Nordland Verlag) 1943

Die deutschen Dichtungen. Darmstadt (Wissenschaftliche Buchgesellschaft) 1967. Nachdruck der Ausgabe Stuttgart 1890/91

Deutsche Schriften. Hg. von PETER UKENA. Nachwort von Dietrich Kurze. Übersetzung des Pirckheimer-Briefes von Annemarie Holborn. München (Winkler) 1970

Deutsche Schriften. Ausgewählt und zusammengestellt von HEINZ METTKE. 2 Bde. Leipzig (VEB Bibliographisches Institut) 1972, 1974

Hutten, Müntzer, Luther. Werke in zwei Bänden. Hg. von SIEGFRIED STRELLER. Berlin und Weimar (Aufbau Verlag) 1978

c) Einzelausgaben

Ulrici Hutteni in Wedegum Loetz et filium eius Henningum querelarum libri duo. Hg. von GOTTLIEB CHRISTOPH FRIEDRICH MOHNIKE. Greifswald (Mauritius) 1816

Ulrich Huttens Klagen gegen Wedeg Loetz und dessen Sohn Henning zwei Bücher. Hg., übers. und erl. von GOTTLIEB CHRISTOPH FRIEDRICH MOHNIKE. Greifswald (Mauritius) 1816

Jugend-Dichtungen, didaktisch biographisch und satyrisch-epigrammatischen Inhalts. Zum erstenmal vollständig übersetzt und erläutert von ERNST MÜNCH. Schwäbisch-Hall (Haspelsche Buchhandlung) 1850

Gespräche von Ulrich von Hutten. Übersetzt und erläutert von DAVID FRIEDRICH STRAUSS. Leipzig (Brockhaus) 1860

Ulrich von Huttens Über die Heilkraft des Guaiacum. Übers. von HEINRICH OPPENHEIMER. Berlin (Hirschwald) 1902

Huttens Briefe an Luther. Hg. von EDUARD SPRANGER. Leipzig (Richard Wöpke) 1903

Gesprächbüchlein Ulrichs von Hutten. Hg. und in der Sprache erneuert von RICHARD ZOOZMANN. Dresden (Hugo Angermann) 1905

Epistolae obscurorum virorum. 2 Bde. Hg. von ALOYS BÖMER. Heidelberg (Weißbach) 1924. Nachdruck: Aalen 1978

Ich hab's gewagt! Hutten ruft Deutschland. Huttens Gedichte und Rufe ausgewählt von KURT EGGERS. Berlin (Widukind Verlag) 1937

Dunkelmännerbriefe aus dem «Mönchlatein» übersetzt von KURT EGGERS. Leipzig (Schwarzhäupter-Verlag) 1939

Aufrufe an die deutsche Nation. Sendbriefe und Gedanken. Hg. von KURT EGGERS. Leipzig (Schwarzhäupter-Verlag) 1940

Arminius. Ein Totengespräch. Bearbeitet von KONRAD KRAUSE. Bielefeld und Leipzig (Velhagen & Klasing) 1940

Vadiscus oder die Römische Dreifaltigkeit. Übersetzt aus dem Lateinischen von DAVID FRIEDRICH STRAUSS. München (Ludendorffs Verlag) 1940

Briefe von Dunkelmännern. Aus dem Küchenlateinischen übers. durch JODOCUM PLASSMANN. Berlin (Nordland) 1941

Gesprächbüchlein. Hg. von KARL KLEINSCHMIDT. Leipzig (Philipp Reclam) 1956

Briefe der Dunkelmänner. Übers. von WILHELM BINDER, revidiert mit Anmerkungen und einem Nachwort versehen von PETER AMELUNG. München (Winkler) 1964 (Die Fundgrube. 5)

Briefe von Dunkelmännern. Übers. von HANS-JOACHIM MÜLLER. Mit einer Einleitung von WOLFGANG HECHT. Berlin (Rütten & Loening) 1964

Streitschrift gegen Erasmus von Rotterdam und Erasmus von Rotterdams

Schwamm gegen Huttens Bespritzungen. In: Mit eingelegter Lanze. Literarische Streitschriften von Hutten bis Mehring. Leipzig 1968. S. 9–56

Anzeige, wie sich die Päpste gegen den deutschen Kaiser verhalten haben. Nachdruck. Nürnberg 1979 (Schriften zur Reformationszeit. 12)

Clag und Vermahnung. In: KARL SIMON (Hg.), Deutsche Flugschriften zur Reformation (1520–1525). Stuttgart (Reclam) 1980

3. Sekundärliteratur

a) Allgemeines (Zeitgeschichte, Humanismus, Literatur)

ABE, HORST RUDOLF: Der Erfurter Humanismus und seine Zeit. Die Geschichte des Erfurter Humanismus bis zum Jahre 1516. Erfurt 1953

ALEWYN, RICHARD: Vorbarocker Klassizismus und griechische Tragödie. Analyse der Antigone-Übersetzung des Martin Opitz. Heidelberg 1926. Nachdruck: Darmstadt 1962

BAINTON, ROLAND H.: Erasmus of Christendom. New York 1969

BAUCH, GUSTAV: Die Anfänge der Universität Frankfurt an der Oder. Berlin 1900

BERNSTEIN, ECKHARD: Die Literatur des deutschen Frühhumanismus. Stuttgart 1978 (Sammlung Metzler. 168)

German Humanism. Boston 1983 (Twayne's World Authors Series. 690)

BLICKLE, PETER: Die Reformation im Reich. Stuttgart 1982

BLOCH, IWAN: Das erste Auftreten der Syphilis in der europäischen Kulturwelt. Jena 1904

BOECKH, JOACHIM G. [u. a.]: Geschichte der deutschen Literatur von 1480–1600. Berlin 1961 (Geschichte der deutschen Literatur von den Anfängen bis zur Gegenwart. 4)

BORNKAMM, HEINRICH: Das Jahrhundert der Reformation. Gestalten und Kräfte. Göttingen 1961

BURGER, HANS OTTO: Renaissance, Humanismus, Reformation. Deutsche Literatur im europäischen Kontext. Bad Homburg, Berlin, Zürich 1969

ELLINGER, GEORG: Die neulateinische Lyrik Deutschlands in der ersten Hälfte des sechzehnten Jahrhunderts. Bd. 2. Berlin 1969. Nachdruck der Ausgabe von 1929

GAIL, ANTON J.: Erasmus von Rotterdam. Reinbek 1974

GEBHARDT, BRUNO: Die Gravamina der deutschen Nation gegen den römischen Hof. Ein Beitrag zur Vorgeschichte der Reformation. Breslau 1884

GEIGER, LUDWIG: Johann Reuchlin, sein Leben und seine Werke. Leipzig 1871. Nachdruck: Nieuwkoop 1964

GRESCHAT, MARTIN (Hg.): Die Reformationszeit. 2 Bde. Stuttgart, Berlin, Köln, Mainz 1981

GROSSMANN, MARIA: Humanism in Wittenberg. Nieuwkoop 1975

HEER, FRIEDRICH: Die dritte Kraft. Der europäische Humanismus zwischen den Fronten des konfessionellen Zeitalters. Frankfurt a. M. 1959

HENNES, JOHANN HEINRICH: Albrecht von Brandenburg, Erzbischof von Mainz und von Magdeburg. Mainz 1858

HESS, GÜNTER: Deutsch-lateinische Narrenzunft. München 1971 (Münchener Texte und Untersuchungen zur deutschen Literatur des Mittelalters. 41)

HITCHCOCK, WILLIAM R: The Background of the Knights' Revolt 1522–23. Berkeley and Los Angeles 1958 (University of California Publications in History. 61)

JOACHIMSEN, PAUL: Geschichtsauffassung und Geschichtsschreibung in Deutschland unter dem Einfluß des Humanismus. Leipzig und Berlin 1910

JUNGHANS, HELMAR: Der junge Luther und die Humanisten. Göttingen 1985

KALKOFF, PAUL: Die Depeschen des Nuntius Aleander vom Wormser Reichstag 1521. Halle 1886 (Schriften des Vereins für Reformationsgeschichte. 17)

Die Reichsabtei Fulda am Vorabend der Reformation. In: Archiv für Reformationsgeschichte 12 (1926)

Der Wormser Reichstag von 1521. Biographische und quellenkritische Studien zur Reformationsgeschichte. München und Berlin 1927

KILB, ERNST: Franz von Sickingen. Das Reich als Schicksal, Metz 1944

KLEINADAM, ERICH: Universitas studii Erfordensis. 2 Bde. Leipzig 1964

KRAUSE, CARL: Helius Eobanus Hessus. 2 Bde. Gotha 1879

KRISTELLER, PAUL OSKAR: Renaissance Thought. The Classic, Scholastic, and Humanist Strains. New York 1961

LAUBE, ADOLF; STEINMETZ, MAX; VOGLER, GÜNTHER: Illustrierte Geschichte der frühbürgerlichen Revolution. Köln 1982

LORTZ, JOSEPH: Die Reformation in Deutschland. Freiburg, Basel, Wien 1982[6]

LUTHER, MARTIN: Werke. Kritische Gesamtausgabe. Weimar 1883f

MOELLER, BERND: Reichsstadt und Reformation. Gütersloh 1962

MÜLLER, JAN-DIRK: Gedechtnus. Literatur und Hofgesellschaft um Maximilian I. München 1982 (Forschungen zur Geschichte der älteren deutschen Literatur. 2)

OZMENT, STEVEN: The Age of Reform 1250–1550. An Intellectual and Religious History of Late Medieval and Reformation Europe. New Haven 1980

OVERFIELD, JAMES H.: Humanism and Scholasticism in Late Medieval Germany. Princeton 1984

PEUCKERT, WILL-ERICH: Die große Wende. Das apokalyptische Saeculum und Luther. Hamburg 1948

PRESS, VOLKER: Adel, Reich und Reformation. In: Stadtbürgertum und Reformation. Hg. von WOLFGANG J. MOMMSEN. Stuttgart 1979, S. 330–383

RATHMANN, LOTHAR (Hg.): Alma Mater Lipsiensis. Geschichte der Karl-Marx-Universität Leipzig. Leipzig 1984

REUTER, FRITZ (Hg.): Der Reichstag zu Worms von 1521. Reichspolitik und Luthersache. Köln, Wien 1981

SCHOTTENLOHER, KARL: Kaiserliche Dichterkrönungen im Heiligen Römischen Reich. In: Papsttum und Kaisertum. Festschrift für P. Kehr. München 1926, S. 645f

SIEVERS, LEO: Revolution in Deutschland. Geschichte der Bauernkriege. Frankfurt a. M. 1980

SPITZ, LEWIS W.: Conrad Celtis. The German Arch-Humanist. Cambridge, Mass. 1957

The Religious Renaissance of the German Humanists. Cambridge, Mass. 1963

The Protestant Reformation 1517–1559. New York 1985

SPRIEWALD, INGEBORG [u. a.]: Grundpositionen der deutschen Literatur im 16. Jahrhundert. Weimar 1972

STEINMETZ, MAX: Deutschland von 1476 bis 1648. Berlin 1965 (Lehrbuch der deutschen Geschichte. 3)

ULMANN, HEINRICH: Franz von Sickingen. Leipzig 1872

WERMINGHOFF, ALBERT: Nationalkirchliche Bestrebungen im deutschen Mittelalter. Stuttgart 1910 (Kirchenrechtliche Abhandlungen. 61)

WIESFLECKER, HERMANN: Kaiser Maximilian I. 4 Bde. München 1981f

b) Biographien, Gesamtdarstellungen, Würdigungen

BRUNNOW, ERNST VON: Ulrich von Hutten, der Streiter für deutsche Freiheit. Historisches Gemälde aus den Zeiten der Reformation. 3 Bde. Leipzig 1842–43

BUERCK, AUGUST: Ulrich von Hutten, der Ritter, der Gelehrte, der Dichter, der Kämpfer für die deutsche Freiheit. Dresden und Leipzig 1846

FECHTER, HEINRICH: Ulrich von Hutten. Ein Leben für die Freiheit. Pähl 1954

FLAKE, OTTO: Ulrich von Hutten. Berlin 1929. Nachdruck Frankfurt a. M. 1985

FRANCKE, KUNO: The Humanist Revolt. Ulrich von Hutten. In: Personality in German Literature before Luther. Cambridge, Mass. 1916, S. 184–216

GRIMM, HEINRICH: Ulrich von Hutten. Wille und Schicksal. Göttingen, Zürich, Frankfurt a. M. 1971 (Persönlichkeit und Geschichte. 60/61)

GUNDOLF, FRIEDRICH: Hutten, Klopstock, Arndt. Drei Reden von F. G. Heidelberg 1924

HARNACK, OTTO: Ulrich von Hutten. In: JULIUS VON PFLUGK-HARTTUNG, Im Morgenrot der Reformation. Basel 1921

HOLBORN, HAJO: Ulrich von Hutten. Leipzig 1929. Neudruck: Göttingen 1968 (Kleine Vandenhoeck Reihe. 266)

KALKOFF, PAUL: Ulrich von Hutten und die Reformation. Leipzig 1920 (Quellen und Forschungen zur Reformationsgeschichte. 4)
Huttens Vagantenzeit und Untergang. Der geschichtliche Ulrich von Hutten und seine Umwelt. Weimar 1925

KELBER, KARL: Der deutsche Hutten. Einzelbilder geschichtlicher Dichtung. Dresden 1910

KLEINSCHMIDT, KARL: Ulrich von Hutten. Ritter, Humanist und Patriot. Berlin 1955

KROON, MARIJN DE: Ulrich von Hutten. In: Die Reformationszeit I. Hg. von MARTIN GRESCHAT. Stuttgart, Berlin, Köln, Mainz 1981, S. 271–287

NEWALD, RICHARD: Probleme und Gestalten des deutschen Humanismus. Hg. von HANS-GERT ROLOFF. Berlin 1963, S. 280–325

PRESS, VOLKER: Ulrich von Hutten, Reichsritter und Humanist 1488–1523. In: Nassauische Annalen 85 (1974), S. 71–86

QUATTROCCHI, LUIGI: Ulrich von Hutten e l'umanesimo tedesco. Rom 1963 (Bibliotechina della «Rassegna di cultura e vita scolastica». 42)

SCHUBERT, ERNST: Ulrich von Hutten (1488–1523). In: Fränkische Lebensbilder 9 (1980), S. 93–123

SCHULZ, FRITZ OTTO HERMANN: Hutten. Ein Kampf ums Reich. Berlin 1944

SEIDLMAYER, MICHAEL: Ulrich von Hutten. In: Wege und Wandlungen des Humanismus. Göttingen 1965, 197–214

SOMMER, ERNST: Das Leben ist die Fülle, nicht die Zeit. Eine Porträtstudie Ulrich von Huttens. Berlin 1955

SPITZ, LEWIS W.: Hutten. Militant Critic. In: L. W. S., The Religious Renaissance of the German Humanists. Cambridge, Mass. 1963, S. 110–129

STAHL, RUDOLF: Ulrich von Hutten. Berlin und Leipzig 1934

STOLBERG-WERNIGERODE, OTTO GRAF ZU: Ulrich von Hutten. Lübeck 1934 (Colemans Kleine Biographien. 40)

STRAUSS, DAVID FRIEDRICH: Ulrich von Hutten. Leipzig 1927. Erstausgabe: Leipzig 1858

UNRUH, FRIEDRICH FRANZ VON: Hutten. Der Vorkämpfer eines deutschen Aufbruches. Stuttgart 1942

WHEELIS, SAM: Ulrich von Hutten: Representative of Patriotic Humanism. In: GERT HOFFMEISTER, The Renaissance and Reformation in Germany. New York 1977, S. 111–127

ZIEGLER, PETER: Ulrich von Hutten (1488–1523). In: ULRICH GUT und PETER ZIEGLER (Hg.), Ufnau, die Klosterinsel im Zürichsee. Stäfa am Zürichsee 1983, S. 137–144

c) Spezialuntersuchungen zur Biographie

BÜCHNER, KARL: Die Freundschaft zwischen Hutten und Erasmus. Der Brief des Erasmus an Ulrich von Hutten über Thomas More. München 1948

ENTNER, HEINZ: Ulrich von Hutten. Sein Aufenthalt an der Viadrina im Zusammenhang mit seiner Jugendgeschichte. In: Die Oder-Universität Frankfurt. Beiträge zu ihrer Geschichte. Weimar 1983, S. 232–238

GRIMM, HEINRICH: Ulrichs von Hutten Lehrjahre an der Universität Frankfurt (Oder) und seine Jugenddichtungen. Frankfurt (Oder) und Berlin 1938

JUNG, HERMANN: Die Odyssee der Gebeine des Ulrich von Hutten. Aufsehenerregende Untersuchungen der Medizinischen Fakultät der Universität Zürich. In: Buchenblätter 42 (1969), S. 21–22

KÄGI, WERNER: Hutten und Erasmus. Ihre Freundschaft und ihr Streit. In: Historische Vierteljahrsschrift 22 (1924–25), S. 200–278; S. 461–514

KALKOFF, PAUL: Huttens Bücherraub. In: Archiv für Reformationsgeschichte 23 (1926), S. 300–306

KELLER, HANS GUSTAV: Ulrich von Huttens Tod auf der Ufenau. In: Jahrbuch vom Zürichsee 11 (1948–49), S. 199–206
Hutten und Zwingli. Aarau 1952 (Berner Untersuchungen zur Allgemeinen Geschichte. 16)

KROLLMANN, C.: Burg Steckelberg, die Stammburg Ulrichs von Hutten. Berlin 1901

LANGENBERG, HANS: Streitbarer Ritter der Geistesfreiheit. Vor 450 Jahren starb Ulrich von Hutten. Erst 1968 fand man sein Grab. In: Fuldaer Volkszeitung 29.8.1973

LEINWEBER, JOSEF: Ulrich von Hutten – ein Fuldaer Mönch? In: Würzburger Diozesan-Geschichtsblätter 37/38 (1975), S. 541–556

MEYER, MANFRED: Hutten und Luther. In: 450 Jahre Reformation. Hg. von LEO STERN und MAX STEINMETZ. Berlin 1967, S. 102–117

RENDENBACH, KARL HANS: Die Fehde Franz von Sickingens gegen Trier. Berlin 1933 (Historische Studien. 224)

SCHOTTENLOHER, KARL: Kaiserliche Dichterkrönungen im Heiligen Römischen Reich Deutscher Nation. In: Festschrift für Paul Kehr. Papsttum und Kaisertum. München 1926, S. 648–673

Steinfeld, Ludwig: Ulrich von Hutten als Lebensreformer. In: Unsere Heimat. Mitteilungen des Heimatbundes. Verein für Heimatschutz und Heimatpflege im Kreise Schlüchtern 11 (1940–43), S. 124–127

Ukena, Peter: Marginalien zur Auseinandersetzung zwischen Ulrich von Hutten und Herzog Ulrich von Württemberg. In: Wolfenbütteler Beiträge 1 (1972), S. 45–60

d) Untersuchungen zu Huttens Werken

Asztalos, Monika: Hutten Correctus: an Example of Humanist Editorial Practice. In: Eranos 76 (1978), S. 65–69

Bauer, Albert: Der Einfluß Lukians von Samosata auf Ulrich von Hutten. In: Philologus 55 (1918), S. 437–462 und 56 (1920), S. 192–207

Becker, Reinhard Paul: A War of Fools: The Letters of Obscure Men. A Study of the Satire and the Satirized. Bern und Frankfurt a. M. 1981 (New York University Ottendorfer Series. N.F. 12)

Benzing, Josef: Ulrich von Hutten und der Druck seiner Schriften in der Schweiz. In: Stultifera Navis. Mitteilungsblatt der Schweizerischen Bibliophilen-Gesellschaft 11 (1954), S. 68–72

Best, Thomas W.: The Humanist Ulrich von Hutten: A Reappraisal of His Humor. Chapel Hill 1969 (University of North Carolina Studies in Germanic Languages and Literatures. 61)

Bömer, Aloys: Verfasser und Drucker der Epistolae obscuorum virorum: Kritik einer neuen Hypothese. In: Zentralblatt für Bibliothekswesen 41 (1924), S. 1–12

Brecht, Walther: Die Verfasser der Epistolae obscurorum virorum. Straßburg 1904 (Quellen und Forschungen zur Sprach- und Kulturgeschichte der germanischen Völker. 93)

Calmann, Gerta: The Picture of Nobody. In: Journal of the Warburg and Courtauld Institute 13 (1960), S. 60–104

Chomarat, Jacques: Les Hommes obscurs et la poesie. In: L'Humanisme Allemand (1480–1540). XVIIIᵉ Colloque International de Tours. München, Paris 1979, S. 261–282

Clemen, Otto: Zu Huttens Nemo. In: Theologische Studien und Kritiken 79 (1906), S. 308–312

Fife, Robert H.: Ulrich von Hutten as a Literary Problem. In: Germanic Review 23 (1948), S. 18–29

Freund, Julius: Huttens Vadiscus und seine Quelle. Marburg 1899 (Diss.)

Gewerstock, Olga: Lucian und Hutten. Berlin 1924 (Germanische Studien. 31)

Goodell, Robert: Ulrich von Hutten as Orator-Poet. A Study in Rhetoric. Diss. Columbia University 1952

Könneker, Barbara: Vom «Poeta Laureatus» zum Propagandisten: die Entwicklung Huttens als Schriftsteller in seinen Dialogen von 1518 bis 1521. In: L'Humanisme Allemand (1480–1540). XVIIIᵉ Colloque International de Tours. München, Paris 1979, S. 303–319

Ulrich von Hutten: Gesprächbüchlin und Novi Dialogi. In: B. K., Die deutsche Literatur der Reformationszeit. Kommentar zu einer Epoche. München 1975, S. 90–100

MARGOLIN, JEAN-CLAUDE: Le Nemo d'Ulrich von Hutten. Crise du langage, crise de conscience, crise de societé? In: Virtus et Fortuna. Festschrift für Hans-Gert Roloff. Bern, Frankfurt a. M., New York 1983, S. 118–163

MELIN, C. A.: «Ich sprich, sie habents nimmer Fug»: Propaganda and Poetry in Ulrich von Hutten's Klag und Vormahnung. In: Modern Language Studies 15 (1985), S. 50–59

OVERFIELD, JAMES: A New Look at the Reuchlin Affair. In: Studies in Medieval and Renaissance History 8 (1971), S. 165–207

SCHÄFFER, PETER: Letters of Obscure Men. In: GERHART HOFFMEISTER (Hg.), The Renaissance and Reformation in Germany. New York 1977, S. 129–140

SETZ, WOLFRAM: Lorenzo Vallas Schrift gegen die konstantinische Schenkung. Zur Interpretation und Wirkungsgeschichte. Tübingen 1975

WALKER, F. JR.: Rhetorical and Satirical Elements in Ulrich von Hutten's Gespräch=Büchlin. Diss. Harvard University 1970

WELLNER, LEOPOLD: Über die Beeinflussung einiger Reden Ulrichs von Hutten durch Cicero. In: Jahresbericht des k. u. k. Staatsgymnasiums in Mährisch-Neustadt 23 (1910), S. 5–23

WERNER, CARL ARTUR: Studien über Huttens deutschen Stil. Greifswald 1922

WIEGAND, HERMANN: Hodoeporica: Studien zur neulateinischen Reisedichtung des deutschen Kulturraums im 16. Jahrhundert. Baden-Baden 1984 (Saecula Spiritalia. 12)

ZIMMERMANN, ERICH: Ulrich von Huttens literarische Fehde gegen Herzog Ulrich von Württemberg. Greifswald 1922 (Diss.)

e) Untersuchungen zu Huttens politischen Anschauungen

HELD, PAUL: Ulrich von Hutten. Seine religiös-geistige Auseinandersetzung mit Katholizismus, Humanismus, Reformation. Leipzig 1928 (Schriften des Vereins für Reformationsgeschichte. 144)

RIDÉ, JACQUES: Ulrich von Hutten contre Rome. In: Recherches Germaniques 9 (1979), S. 3–17
L'image du Germain dans la pensée et la littérature allemande et la redécouverte de Tacite à la fin du XVI⁰ siècle. 3 Bde. Lille und Paris 1977, S. 424–468; 570–625

RÖHR, HELMUT: Ulrich von Hutten und das Werden des deutschen Nationalbewußtseins. Hamburg 1936

RUDOLPH, GÜNTHER: Ulrich von Huttens sozialökonomische Anschauungen. In: Deutsche Zeitschrift für Philosophie 20 (1972), S. 1474–1493

SCHEUER, HELMUT: Ulrich von Hutten. Kaisertum und deutsche Nation. In: Daphnis 2 (1973), S. 133–157

SCHLECHT, JOSEPH: Zur Geschichte des erwachenden deutschen Bewußtseins. In: Historisches Jahrbuch der Görres-Gesellschaft 19 (1898), S. 351–358

WAGNER, JOACHIM: Äußerungen deutschen Nationalgefühls am Ausgang des Mittelalters. In: Deutsche Vierteljahrsschrift für Literaturwissenschaft und Geistesgeschichte 9 (1931), S. 389–424

WALSER, FRITZ: Die politische Entwicklung Ulrichs von Hutten während der Entscheidungsjahre der Reformation. München und Berlin 1928

4. Nachwirkung

BECKER, ALBERT: Das Hutten-Sickingen-Bild im Zeitwandel. Ein Beitrag zur Geistesgeschichte. Heidelberg 1936 (Beiträge zur Heimatkunde der Pfalz. 16)

DEEGEN, ANNEMARIE: Die Hutten-Bildnisse der Herzog August Bibliothek. In: Daphnis 2 (1973), S. 158–166

FRENZEL, ELISABETH: Ulrich von Hutten. In: Stoffe der Weltliteratur. Stuttgart 1963, S. 285–287

HINDERER, WALTER (Hg.): Die Sickingen-Debatte. Ein Beitrag zur materialistischen Literaturtheorie. Darmstadt und Neuwied 1974

KINDERMANN, HEINZ: Das Werden des Hermann-Mythos von Hutten zu Grabbe. In: Kampf um die deutsche Lebensform. Wien 1944, S. 23–56

KORRODI, EDUARD: Ulrich von Hutten in deutscher Dichtung. In: Wissen und Leben 5 (1911), S. 27–41

KUEHNEMUND, RICHARD: Arminius or the Rise of a National Symbol in Literature. New York 1966

KREUTZ, WILHELM: Die Deutschen und Ulrich von Hutten. Rezeption von Autor und Werk seit dem 16. Jahrhundert. München 1984 (Veröffentlichungen des Historischen Instituts der Universität Mannheim. 8)

KRUEGER, KARL EBERHARD: The Image of Hutten in German Fictional Literature. Diss. Michigan State University 1980

SIBLEWSKI, KLAUS: Ritterlicher Patriotismus und romantischer Nationalismus in der deutschen Literatur 1770–1830. München 1981 (Literatur in der Gesellschaft. N.F. 4)

VOIGT, GEORG: Ulrich von Hutten in der deutschen Literatur. Leipzig 1903 (Diss.)

WULSCHNER, HANS-JOACHIM: Erasmus von Rotterdam im 19. Jahrhundert. Sein Bild in der deutschen Literatur, vornehmlich gesehen im Hinblick auf seinen Gegenspieler Ulrich von Hutten. Berlin 1955 (Diss.)

Namenregister

Die kursiv gesetzten Zahlen bezeichnen die Abbildungen

Über den Autor

Eckhard Bernstein, Jahrgang 1938, studierte Englisch, Latein, Deutsch und Vergleichende Literaturwissenschaft in Deutschland, Großbritannien und den USA. Ist Professor für Germanistik am College of the Holy Cross in Worcester/MA, USA, wo er seit 1970 lehrt.

Publikationen: «Die erste deutsche Aeneis: Eine Untersuchung von Thomas Murners Aeneis-Übersetzung aus dem Jahre 1515» (1974); «Die Literatur des deutschen Frühhumanismus» (1978); «German Humanism» (1983). Zahlreiche Artikel und Rezensionen in Fachzeitschriften und Zeitungen.

Quellennachweis der Abbildungen

bildmono rororo graphien

C 2058/5 d